子どもの未来と教育を考える

「動ける子」にする育て方

川合正

京北中学校・高等学校 前校長
京北学園白山高等学校 前校長

晶文社

ブックデザイン　藤田知子
カバーイラスト　加納徳博
本文イラスト　竹村未央

「動ける子」にする育て方　もくじ

3 信頼関係を築く

2 学校独自の取り組み

3　注目される教育プログラム

はじめに

「転ばぬ先の杖」ということわざがあります。失敗しないように、あらかじめ念には念を入れて用心することが大事だ、という意味で使われます。たしかに必要な心構えですが、子育てや教育ではときにやりすぎてしまい、子どもが失敗して恥をかかないように、親や教師があれこれ手を出して世話を焼いていることがあります。私が受け持ったある授業で、教科書を忘れた生徒に理由を聞いたとき、「僕のせいじゃないよ、お母さんが悪いんだ。お母さんが入れ忘れたんだ」と叫びました。この中学1年生の言い分に、私は恐怖すら覚えてしまいました。将来、学校を出て、親が手助けできない環境になったとき、この子たちは生きていけるのでしょうか。

はじめて挑戦したり、高い目標を目指して努力するときには、誰もが失敗や挫折を味わいます。「失敗は成功の母」と言われるように、じつは失敗とは、発明や成功に至る試行錯誤の過程に過ぎないのです。〝失敗＝試行錯誤〟によって、人は学び成長していきます。誰だってうまくいかないことはたくさんあります。うまくいかないことを恐れずに、どんどん壁に当たって、それを乗り越えるにはどうすればよいかを考え、動いていくことこそ重要なのです。子どもたちには、その強さ、やる気を持ってほしいと思います。ところが、家庭でも学校でも〝優しさ〟〝愛情〟〝面倒見の良さ〟という美名のもとに、子どもたちが失敗を体験する場を奪っている気がするのです。

　私たちは今、10年後20年後がどのような社会になっているかを予想できません。それほど、世界の動きは急激だと言えます。東日本大震災を経験し、私たちの価値観は大きく変わりました。今までの価値観や現在信じていることがいつまでも正しいとは、誰にも断言できなくなりました。だからこそ子どもたちには、将来どのような社会になっても生き抜いていける知恵を身につけておいてほしいと思うのです。その生き抜く力とは何なのかを考え、育むための実践をしていくことが強く求められています。

　どうしたらそのような力を育むことができるのでしょう。本書では、私が考える〝生き抜く力〟を挙げ、それを備えた子どもたちを育てるため、教育現場の現状を踏まえ、子どもを育てる大人として心得ておくべきことをお伝えします。そして、〝自ら考え行動する力〟を育む教育実践を紹介していきます。

第1部 ● 「動ける子」を育てるための心得

1 どんな力を身につけさせたいか

東日本大震災後の福島からの出発

人々は蜘蛛の子を散らすように、近くのビルに一目散に逃げ込み、昼食時でにぎわっていた歩道の人々は、一瞬にして消えてしまいました。目の前で起こったこの唐突な事象に、私は大きな衝撃を覚えました。

東日本大震災から4カ月以上経った２０１１年7月26日､私は福島県福島市で行われた「平成23年度第50回東北地区私学教育研修会」に参加し、何気なく会場の窓から歩道に目をやっていました。そのとき、雨が急に降り出したのです。真夏の霧雨程度のにわか雨でしたが、人々のとっさにとったこの行動に、福島の現実を突き付けられた思いでした。

福島第一原発の1号機の原子炉建屋爆発が3月12日、3号機が14日、15日には4号機も爆発しました。その後、放射性物質は風に運ばれ拡散し、さらに雨や雪によって、牧草、木々、茶の葉、野菜、人々の頭の上にも降り注いだのです。しかし、目には見えません。人々は、この目に見えない恐怖と戦うことになったのです。

広島の原爆で降った泥のような黒い雨の悲劇が、また福島で繰り返されることになりました。井伏鱒二の小説『黒い雨』の恐怖が甦ります。閑間《しずま》重松・シゲ子夫妻の姪矢須子は、広島で被爆したと噂され、良い縁談があっても、いつも破談で終わってしまいます。彼女は、広島に原爆が落ちたとき、遠い場所に出かけ直接被爆していませんでした。しかし、閑間夫妻の安否を確かめるため広島に戻る瀬戸内海で黒い雨を浴びてしまったのです。その後、彼女は原爆症が発症し、治療むなしく病状は悪化していく、というストーリーです。

福島で私が見た7月の霧雨と違いはありますが、人々の心の中にはきっと、原発事故による雨への恐怖があったに相違ありません。福島の人々には、幾重にも大きな負担が課せられていることが、真実味を帯びて実感させられる雨でした。

私はその後3年にわたって福島に通い、中学、高校の先生方と研修を続けるうちに、高校生たちの間で「私たちは、県外の人とは結婚できない。だから、福島に留まる」「私たちは、原発の雨を浴びた。ガンになるに違いない」「雨にぬれてしまった。将来どうなるのか不安だ」などと囁かれている、という話を何人もの先生から聞き、矢須子の悩む姿と重なりました。

日本中の人々が、福島の惨状をわがことのように心配し、支援しようという気持ちでいっぱいであると思っていました。しかし、そうばかりではなかったようです。福島の先生方からは感謝の言葉も出ますが、悔しいつぶやきも聞こえてきます。「〝福島の人々を迎えての行事〟に招かれてある県に行ったところ、福島ナンバー用の駐車場が、会場から離れたところにつくられていた」「高速道路のパーキングに車を停めて仲間と食事をしていたら、福島ナンバーの車だけが傷つけられていた」「関東に出かけ、道路を走っていたら、車を寄せられ、『福島に帰れ』と言われた」など、福島の人々の怨嗟の声は、日に日に高くなっている気がします。ある先生が「まさに福島は出口がない状況だ」と話す言葉に、答えが見つかりませんでした。

できると思うから〝がんばれる〟

「『がんばろう東北！』『がんばろう福島！』と駅にも研修会場にも掲げられているが、これ以上、私たちは何をがんばれば良いのでしょうか？」と福島の30代の先生から尋ねられました。

そう言えば、日本中が「がんばろうー」の大合唱です。プロ野球選手のヘルメットにも、いつも乗っている東北新幹線にも「がんばろう東北！」「がんばろう日本！」のシールが貼られていました。そのような中、この先生の「震災直後から、生徒たちを気遣い、学校の体育館で避難民の世話をし、家庭に帰らずにがんばってきた。私の家も被災したので、家の整理は妻にまかせ、みんなで明るく振る舞いがんばってきた。あと何をがんばればいいのでしょう？」と話す言葉を聞きながら、「がんばれ」という言葉の重さを感じていました。彼は、3月からがむしゃらにがんばってきたのです。そして4カ月が経ち、ふと振り返ってみて〝むなしさ〟を感じ始めたのかもしれません。

しかし、考えてみれば自明のことでした。〝がんばるから何かができるようになるのではなく、できると思うからがんばれる〟のです。人間の意志は決して強くありません。〝できる〟という可能性があってこそ、努力を惜しまず夢中になって続けられるものです。高校球児たちも甲子園に行ける可能性があるからこそ、休みもなく厳しい練習に参加できるのでしょう。受験生たちは合格できると信じて、好きなことを我慢して勉強します。大人が宝くじを買うのも、当たる望みを持っているからでしょう。もともと当たらないとわかっていれば、宝くじを買う人などいないはずです。

「出口がない」という福島の浪江町、大熊町や双葉町などの人たちが、この危機を乗り越えるには、まず希望ややる気を持ってもらうことだと感じました。それは、未来を切り開いていく子どもたちにも必要なことです。

病気治療に目を向けてみると、生きる望みを持つことは治療に影響があるようです。アメリカの放射線腫瘍医のO・カール・サイモントンは、診断と治療が同じでも、健康を取り戻す患者と悪化する患者がいることに注目して「サイモントン療法」を開発しました。ガン患者に、充足感をもたらすものや自分が望む状況を思い描かせ、ガン細胞が排除され健康になっていくイメージをしてもらって治癒に導く心理療法です。この治療を受けた患者のガンが消滅したり、進行が止まって病状が安定する事例が多く報告されています。健康を取り戻す患者と悪化する患者、この両者の違いは生きようとする意志です。サイモントン療法認定トレーナーの川畑伸子氏は「治療や人生に対してよりよいイメージを持って前向きな姿勢で生きることが、健康に大きな違いをもたらした」(『サイモントン療法』同文舘出版、２００９年）と言います。生きようとする力は、精神・心理・感情面に大きく影響されることが示された研究でした。

病気治療において前向きな姿勢が功を奏するように、社会で生きていく上でも、前向きであること、やる気を持つことはプラスに作用します。そして、精神・心理・感情面からのサポートが、〝生きる力〟を育む後押しをしているのだと思います。

〝生きる力〟とは何か？

〝生きる力〟は、何もしないで獲得できるものではありません。学校や家庭での系統的な支援が必要になります。具体的にどういった力を養う教育をすればよいのでしょう。私は、次のような力を、社会に出る前に身につけてほしいと考えます。

○相手の話を聴き、自分の考えを伝えるコミュニケーション力
○自分は、自分のままでＯＫという自尊感情
○自分には居場所があり、応援してくれる人がいるという実感
○良好な人間関係を築ける力
○目標や夢、希望をつねに抱いて、学び行動できる力
○自分の殻にとじこもらず、広い視野を持って対応できること
○スムーズにいかなくても、耐え、我慢できる力
○社会の一員として責任ある行動をとる姿勢
○失敗や挫折を経験してもそれを生かせる力
○チームやグループで建設的な議論ができる力
○健全な死生観
○遊び心をつねに持ち、ワクワクドキドキする心
○さまざまな体験や経験を積んでいこうとする積極性
○疲れたときの自分流リラクゼーション法

ここに挙げた力をつけるために、何をすればいいのかを考えていきたいと思います。私がとくに大事だと思う、人間関係の構築、自分の安心できる居場所の確保、コミュニティや組織への所属感の確認、そして積極的に行動しようとする自主性などについて、まず述べましょう。これらは、生きる力を支えるものであると考えます。こういった力がベースにないと、「動ける子」になるためのスキルはなかなか身についていかないと思うのです。

人との結びつきが生きる力を養う

宮城県で出会った先生が話していた、震災後の体験談が印象的でした。その先生は、自宅の被害は大きくなかったものの、被災地の惨状をたくさん見てきました。少し落ち着いてきた5月に、街で仙台青葉まつりのお囃子が聞こえてきた途端、自然にボロボロと涙がこぼれてきたのだそうです。この涙の意味は何なのでしょう。

ちょうどそのとき読んでいた『光に向かって——3・11で感じた神道のこころ』(川村一代、晶文社、2012年)の中で、石巻市の鹿島御児《みこ》神社の権禰宜《ごんねぎ》の職にある方が、

「新興住宅地だと、コミュニティ意識も薄いですが、古い町だと、コミュニティがしっかりしています。神社を中心に地域がしっかり結びついているんですね。震災翌日から、町内会のおじさんたちが帳面を手に、自分たちの町の人の安否確認をしていましたね。すごいなと感心しました」

と語る言葉に、なるほどと納得させられました。この話から、コミュニティがしっかりしていると日常の復旧の早いことが見て取れます。仙台市のような都市部ではコミュニティ意識はあまり高くないと考えられますが、宮城県の先ほどの先生は、青葉神社の祭礼に由来する青葉まつりのお囃子によって、無意識に自分の属するコミュニティを自覚し、日常の暮らしが戻ってきたことを感じて安堵したのではないでしょうか。

前掲書の著者川村一代さんは、神社と地域の結びつきについて次のように明解に解説しています。

自然の条件に左右される農業や漁業を営んできた私たちの先人たちは、日照りや大雨、台風といった自然の働きを神様の業と思い、畏《おそ》れ敬い、その聖域に集まり共同作業をし、共同体で祭りや宴会をおこなってきたのだ。そのため日本の祭りは、主食である稲作に由来するものが多い。やがてこの聖域に、共同体単位で氏神をお祀りするようになり、その聖域は、神様が住まれる「神社」へとなっていった。氏子とは、こうした共同体のメンバーのことでもある。古代から共同体は、人生の共同体でもあったのだ。

思い返せば、私の田舎（三重県伊勢市の近くの小さな村）でも、神社を中心に、一年の暦が回っていました。お正月の宮参りに始まり、村の小正月の行事、春の秋葉山の祭り（田の神を山から下ろす行事）と、毎月何かしら、村の人の集まる行事があり、心待ちにしていたことを懐かしく思い出します。氏子総代を中心に地域の人々が厳かに列席し、その行事の後は楽しい宴会が繰り広げられていました。これが地域のコミュニティとして、人々の結びつきを強化する装置だったのだと気づきました。日本の神社は、単に宗教と呼ぶだけでは理解できない、もっと根源的な人々の結びつきを象徴する深淵なものを含んでいるようです。

前掲書には、今回の大震災で壊滅的な被害を受けた中で、例年の祭礼を規模が小さくなってでも執り行おうとしたことや、七五三のお祝いをしたいという申し出があったことについても書かれています。人々のこのようなエネルギーは、日本古来からの、地域の人々の結びつきを深め、確認する場を大切にしたいという背景から起こってきているのです。人々が祭りを開催しようとする意志は、地域に所属して日常生活を送ってきた証ではないでしょうか。だとすれば、日常を取り戻すことこそ心の復興につながるはずです。生きる力を養うには、コミュニティに根ざした生活を送ること、すなわちいかに人間関係を構築するかにかかっています。

この課題は、東北地方に限らず、日本全土に求められている根本的な問題だと思うのです。

心の拠りどころとなる居場所をつくる

人間とは、本当に弱い動物だと思うことがあります。学校で仲間から無視されたり、悪口を言われただけでも死にたいと思い悩む子どもがいます。また、ふだんから世話になり感謝しているはずの父母や身近な人に心ならずも罵詈雑言を吐いてしまい、後悔することもあります。これほど、自分の心をコントロールすることは難しいのです。

一方、東日本大震災では、人間とは素晴らしい生き物であると実感させられることもありました。未曾有の大災害で多くの人が犠牲になり、生き残った人々も心身に大きな傷を負う中で、日本国内はもちろん世界各国から、被災者を支えたいという申し出が殺到しました。寄付だけではなく、医療や食料の援助、ボランティア、メンタルサポート、学習支援などが行われ、人間には本来、困っている人、悩んでいる人を支援したいという自然の感情が備わっていることに気づかされました。

江戸時代以降、日本の村落には〝村八分〟という制度がありました。村のおきてに従わない者に、村人全員がその家と絶交する行為です。火事と葬式の二つは省くので〝八分〟と言われます。これは、厳しいおきてでした。まわりの人すべてが、会話はもちろん挨拶もしてくれなくなります。口をきいてもらえないことは、誰でも恐怖だったはずです。かつては、それほど人と地域は深く密接に関わっていました。コミュニティに属していること、人々とコミュニケーションがとれていることは、人が生きていく上での最低限の条件であったと言っても過言ではないでしょう。

現在でも同様に、学校や家庭に所属している実感を持つことは、心の安定に重要な要素です。アメリカの発達心理学者エリク・H・エリクソンは、アイデンティティという概念を確立しました。アイデンティティは思春期から青年期に獲得されます。「自分は誰」「どう生きればいいのか」「何をすればいいのか」「自分は存在していて意味があるのか」と疑問を発しながら自己を形成し、「これこそが本当の自分だ」といった実感を持つ。これがアイデンティティ獲得のプロセスです。この時期は、難しい年代であることを理解した上で、支えてくれる人、話を聞いてくれる人、見守ってくれる人、無理を言っても許してくれる人などの存在が必要です。家庭や学校、さらに地域社会（コミュニティ）に居場所がある子どもには、身近にそういった存在があることでしょう。そうしてアイデンティティが確立された子どもには、自分のしたいこと、考えるべきこと、すべきことが見えてくるのだと思います。自分で考えて動くこと、これが生きる力の一つです。居場所があることは心の拠りどころであり、それが土台となって、アイデンティティが確立され、生きる力にもつながっていくのではないでしょうか。

試行錯誤する強さを支援する「東北ユースベンチャー」

「Everyone A Changemaker™ ＝誰もがチェンジメーカー」という標語を旗印にして、活発に活動している団体があります。日本で２０１１年に発足した一般社団法人アショカ・ジャパンです。母体は、１９８０年にアメリカのワシントンで社会起業の概念を生んだビル・ドレイトンが創設した市民組織「アショカ」です。アショカは、社会起業家（ソーシャル・アントレプレナー）が活動しやすい環境をつくり、一人ひとりが社会の矛盾を目の前にしたときに〝自分が変えられる〟という自信と自由を持てる世界を作るのを目標にして、世界80カ国で活動しています。アショカとは、紀元前3世紀にインド亜大陸を統一したアショカ王の名に由来しています。彼は、暴力の払拭、社会福祉の向上、経済の成長に自分の生涯をささげた王でした。

アショカ・ジャパンでは、社会のある問題に対して、根本的な変革につながる、真新しく独創的な仕組みを立ち上げて実行する人を「アショカ・フェロー」として選び、支援しています。

とくに注目されるのは、若者に〝変えるスキルと精神〟を育む「ユースベンチャー」の活動です。

ユースベンチャーとは、12~20歳の若者を対象にして、自ら感じた社会のほころびを解決するための、新たな仕組みやプロジェクトを立ち上げる機会をつくり、強い熱意のあるアイディアには実際に活動資金を援助し、一年間の活動中のネットワークづくりを助け、アドバイスをしていく活動です。

アショカ・ジャパン代表理事の渡邊奈々さんは、この支援活動を日本に導入したときのことを振り返り、次のように述べています。

２０１０年と２０１１年にパイロットを行ったのですが、思ったようには展開しませんでした。思ったように進まなかった理由は、

①すべての子どもたちを対象に考えていた。

②先生と生徒の通常の上下関係に慣れている大人がリーダーとなり、若者の案を成功させようとする大人の期待を若者が感じとると、〝アイディアを実現する〟動機が〝内から〟ではなくなり、「先生や親から認められたい」という外的な動機づけにすり替わる。

そして若者は途中で興味が薄れてしまう。

ということです。そして、どうしたらうまくいくのかを考え、２０１２年からは次のよ

うに改善しました。

①自分で手を挙げて「これが自分のアイディアです！　絶対にやってみたい！」という若者のみを対象とすることを鉄則とした。

②〝内からの動機〟であり続けるために、大人は若者に依存されないよう、言動をわきまえた。

その結果、自分から手を挙げる若者は300〜500人に1人の割合となり、参加者は非常に少なくなりましたが、強い意志を持った若者が自ら動くことで、ユースベンチャーの取り組みは大きく飛躍しました。

ニューヨークを拠点に活躍している渡邉さんは、日本でのリーダー養成の難しさや教育の問題点を実感し、「日本の教育では、つねに教師が答えを用意して子どもたちに与えている。これでは、自分たちで試行錯誤し、新たにチャレンジしていく力がつくわけがない」ときっぱり言っています。将来、世界で活躍する子どもたちを支援するための重要な指摘です。

その後、渡邉さんはユースベンチャーの真髄に共鳴し、理解するスタッフとの出会いによって、2012年1月から「東北ユースベンチャー」を始動しました。2011年3月の東日本大震災の後、岩手県に住む小中高生の88％が「自分の町のために何かしたい」とアンケートに答えたと言います（公益社団法人セーブ・ザ・チルドレン・ジャパン「まちづくりに関するアンケート」より）。東北の若者は強い意志と大きなエネルギーを持っていると思えますが、それでも、ほとんどが〝考えている〟〝思っている〟だけの子どもたちだったそうです。ユースベンチャーの子は〝動いている〟子です。ここに明確な違いがあります。この〝動いている〟子たちの受け皿となって、彼らの想いを目に見えるプロジェクトにし、その活動を支援していこうとして始まったのが「東北ユースベンチャー」なのです。

アショカ・ジャパンのスタッフである矢部寛明さんと林賢司さんが、2012年の春から2013年の夏にかけて全国行脚し、東北ユースベンチャーの活動を紹介した若者たち（15〜20歳）は3000人を超えたそうです。その呼びかけに20人ほどの若者が、自ら参加したいと手を挙げました。心に炎を持つ若者の割合は1％以下です。自分が何を考え感じているかを内省するチャンスが与えられない教育を受けた子どもたちは、〝外的動機づけ〟（成績、賞、試験などの点数）で考え行動する習慣がすりこまれているからでしょう。

呼びかけに自ら手を挙げた、南三陸町にある宮城県志津川高等学校の田畑祐梨さん（当時）は、参加の動機を次のように語っています。

最初、私は大人たちに任せておけば、すぐ町は復興すると思っていました。しかし震災から2年経っても復興が進まないのを見て、「大人は何をしてきたんだろう」と思いました。そのような気持ちが起き、復興について考えているうちに、私はもうひとつの問題に気づきました。それは「じゃあ、自分は何をしたのか」ということです。私は大人たちに甘えているだけで、実際何もしていない、それでは大人たちと一緒ではないか、とそう思いました。大人がやらないなら、私がやる！

こう決意し、震災への援助に対しての感謝とあの日のことを伝える、「外国の方々への英語での語りべ」「若い世代への語りべ」として活動を始めたのです。

その他の「参加したい」と手を挙げた人たちにも、それぞれのドラマがあります。その中にも日本の教育や家庭、またコミュニティのあり方などを見直すヒントが隠されているように思います。この、動ける若者たちの体験を「東北ユースベンチャー・レポート」として取り上げることにします。この節の最後のほか、p.67・93・163・197をご覧ください。

アショカ・ジャパンの活動では、うまくいかないことがあっても失敗とは捉えずに、子どもたちの試行錯誤を見守るスタンスをとっています。そしてユースベンチャーの若者たちは、壁に当たっても諦めず、目標に向かって挑戦していきます。試行錯誤を重ねる強さはどこにあるのでしょう。それは、東日本大震災を経験した子どもたちが、自分のできる範囲でなんとか社会のために貢献したい、社会のために役立ちたいという、熱い内なる動機にあります。このような思いは、被災地の子どもたちだけではなく、日本中の子どもたちが持っているはずです。私たち大人は、子どもたちのそういう思いを引き出して、失敗や挫折を恐れず、前向きに動こうとする力を応援しなくてはなりません。教師や親だけではなく、若いスタッフが活躍するアショカ・ジャパンなどの団体と連携していくのも、今後は大切なのではないかと思います。

やる気を喚起する方法

〝生きる力〟は、家庭、学校、地域などでの学習、体験、経験などにより、補強されていくものだと言えます。子どもたちに、生きる力の原動力とも言える〝やる気〟を出させる方法について考えてみましょう。

子どもたちの〝やる気〟を喚起し、学習効果が上がる原理として、『学び方の科学』(辰野千壽、図書文化社、２００６年)では、①自発性の原理、②個性の原理、③社会化の原理、④目標明確化の原理、⑤有意味化の原理、⑥学習完全化の原理、⑦成功経験の原理、⑧系統化の原理、⑨自己発見の原理、⑩自己監視・自己評価の原理、の10項目が挙げられています。この原理に当てはめて具体的に考えると、次のような行動の指針が成り立ちます。子どもたちは、

①自ら進んで
②それぞれの個性や特性を生かしつつ
③仲間たちとチームを組み
④目標を明確にして
⑤やっていることの意味を確認しながら
⑥一つひとつの目標を成し遂げていく。
⑦その成し遂げた喜びを
⑧順番に積み上げていくことで
⑨自分の力で成し遂げたことに自信を持ち
⑩客観的に自分を見つめて悪いところも修正していくことができる。

この考え方を基本に、子どもたちに〝できる〟ことを提示し〝やる気〟を喚起させていきたいものです。その教育を効果的に行うため、次の節では子どもたちの現状を把握しておきましょう。

「おまんじゅう」が紡ぐ物語

仙台コミュニケーションアート専門学校　川村花菜恵

私は、福島県相馬市在住で隣町の新地町の高校に通っていました。被災地でもある新地町は、人口も少なく小さな町です。特産品や観光地、行事がありますが、あまり知られていないのが現状です。私は、特産品をつかっておまんじゅうを作り販売し、新地町の活性化に務め、もっと多くの方に知ってもらいたいとおもいました。おまんじゅうを一から作るので、自分ひとりでは、この取り組みをなかなか進めることができずにいました。そこで私は、自分の企画を地域の人に話すことにしました。まずは地域のボランティアに参加し、そこからたくさんの人に出会いアドバイスを受け「一緒に作りたい」と言ってもらえるようにまでなりました。まだまだ販売という形になるまでには時間がかかりますが、少しずつ活動を続けていきます。風評被害の問題もあり、放射能についても考えていかなければなりません。福島県の食べ物が安全であることを全国の方々に広めていきたいです。私自身も福島県のことや新地町のことをもっと知りながら活動していきます。

東北ユースベンチャー・レポート　2

被災地に木を植える

KNOX COLLEGE　青島勇太

日本が大変なことになっている。高校時代の交換留学中に起こった東日本大震災の映像に僕は衝撃を受けました。地球の裏で、帰国後すぐに東北へ行くことを心に決めました。そして1年後、実際に訪れた被災地で改めてその景色に驚きました。「まち」が無い。そこで、さらに驚く話を聞きます。地元の方が愛してきた（たとえ津波があっても）、美しい海の前に高さ十数メートルの防潮堤を建てると。僕は被災地の方が、まちの未来を考える機会を持てずにいることに違和感を抱き、未来を思い描くきっかけとしての植樹をしたいと思うようになりました。

1年間、うまくいかないことばかりでした。東北に知り合いが全くいなかった僕は、どこで、誰と、どのように企画を進めればいいかも分からなかったからです。話をしに行った地元の方に怒られたり、僕の企画に意味はないと言われたりもしました。それでも、自分の想いを実現するために、何度も東北を訪れ、多くの人に話をして協力してくれる方を探しました。そして小規模でも、南三陸の美しい海を臨む土地で植樹祭を開けることになりました。僕の学んだことは、「あきらめない」こと。途中で諦めてしまえば、叶える人がいなくなってしまう自分の想い。しかし、自分さえ諦めなければ、それは必ずカタチになるということを知りました。

2 知っておきたい子どもたちの現状

目の前にいる愛する子どもと向き合う

2012年に実施した仙台市での教員研修会で、ある先生が「子どもは、学校では気がまぎれ明るく振る舞っているが、家に戻ると親が多くの課題（仕事、家、生活、お金など）を抱えて生きているという現実に向き合わなければならないので、未来と向きあうどころではないんです」と話していたことが強烈に印象に残りました。一方、別の研修会では「〝未来ある子どもたち〟を育てることこそ、何をおいても必要である」という考えの先生もいました。

ちょうど2012年11月9日に開催された「福島県私学振興大会」で講演する機会がありました。そこで1500人の保護者に向かって「生活が大変かもしれませんが、皆さんの目の前に愛する子ども、未来を生きる子どもがいますよ。向き合ってください」という、私の思いを伝えました。

「子どもを伸ばす親、つぶす親〜会話一つで成績も性格も変わる〜」という刺激的なタイトルでの1時間は、次のような流れで進みました。

1 子どもは成長するという当たり前の話
2 子どもたちは、それぞれに個性を持っている
3 子どもの成長を邪魔しているのは、誰？
4 親子のコミュニケーションを日常的にとろう

はじめ、真剣な目差しで壇上を注視していた保護者の顔からしだいに笑みがもれ、そのうち大きな笑いに変わり、リラックスして自分の子どもとの関係に思いを馳せている様子でした。最後に、以下の「子どもと付き合う10の鉄則」を話し、研修会は終わりました。

1 親子の信頼関係は、ゆるぎないもの（子どもは、いつまでもあなたの子ども）
2 説得は、納得ならず（命令されれば、誰でも不快）
3 相手の心理的事実を大切に。客観的事実は確認を（まず、相手の気持ちに寄り添う）
4 待てば、海路の日和あり（急いでみても意味がない）

5　相手の力に期待しよう（子どもには無限の可能性がある）
6　目を凝らし耳を澄ませば、ゴールが見える（観察と傾聴からすべては始まる）
7　感情は伝染する（親の機嫌が悪ければ、子どもも憂鬱）
8　誠意が伝われば、距離が近づく（口より具体的行動を）
9　自分一人で抱えるな（問題発生のときは、相談を恐れない）
10　子どもは3つのタイが大好き（親に認められタイ、親にほめられタイ、親の役に立ちタイ）

会場を出た私に、多くの方が声をかけてくださいました。「学校からの割り当てで、（参加するのは）気が進まなかった。でも、来て良かった」「自分の子どもへの対応を考え直そうと思いました」「子どもとコミュニケーションをとろうと思います」「子どもを大切にしたいと思いました」など、それは目の前の子どもへの愛情の再発見の機会となったようでした。

たとえ生活が大変でも、いかに目の前の子どもと向き合っていくかは、被災地だけではなく、全国のどこでも繰り返し取り上げられてきた課題です。将来は、この子どもたちが社会を担っていくのです。２０１１年から始まった東北での活動によって、保護者も教育者もともに、子どもたちを支援する教育について推進していくことが重要だと強く教えられました。

孤独・緊張を感じている子どもたち

日本の子どもたちの現状を見てみましょう。学校や家庭でどのような日常を送っているのでしょうか。

ユニセフ・イノチェンティ研究所が２００７年2月14日に公表した『先進国における子どもの幸せ』（国立教育政策研究所・国際研究・協力部翻訳、２０１０年3月）という調査結果があります。ここで、日本の子どもたちの学校での「孤独感」は、先進国の中で図抜けて突出しているという衝撃的な報告がされました。

それは、自分自身が「I feel lonely」（孤独を感じる）という状態であることに同意するかどうかを15歳児に尋ねた結果が表しています。ＯＥＣＤ（経済協力開発機構）加盟国で調査された24カ国中、同意するという答えは日本が最も多く30％で、2位の国のほぼ3倍でした。ほか22カ国はすべて10％未満です。また、「I feel awkward and out of place」（居心地が悪く、疎外感を感じる）への同意についても集計しており、こちらも日本は24カ国中1位。この結果をどのように解釈したらよいのでしょうか。日本の子どもたちが学校で感じていることの集計結果はショックでした。いったい、日本の子どもたちは、どんな思いで学校に通っているのでしょうか。

そんなことを考えながら、かつての教え子の短歌を思い出していました。それは「家に着きほっと一息出てしまう　やっと終わった今日の1日」という、多くの生徒から支持された短歌です。短歌を詠んだ彼は明るい性格で、教室ではいつもまわりを笑わせているムードメーカー的な存在でした。楽しく学校に通っていると思っていました。だから、この短歌を読んだときは「アレッ」と思ってしまい、印象に強く残っていたのです。彼の気持ちを支持した生徒たちも「家に帰るまでに1時間かかるので家に着くとほっとします」「友達と話したりするといろいろ気をつかわなければいけないから疲れます」「家に帰るとなぜか気持ちが安らいでしまう」「疲れて帰ってくると家がおおきく見えて、安らげるなぁと思う」「このごろやけに一日が長く感じ、ねるころになると、このようなことを思います」「家に帰ると疲れがドッと出てしまう」と、学校や通学途中、友達付き合いで神経を遣い、緊張して過ごしている様子が伝わってきます。そして、彼らの安心して過ごせる居場所が〝家〟であることがよくわかります。そんな安らげる〝家〟を子どもたちには、ぜひ確保してください。

子どもの幸福度と親子関係

〝家〟は、誰にとっても安心できる場であることが理想です。しかし、本当に安心して過ごせる居場所になっているのかを考えると疑問も生じます。

身体は大きくなり、生意気なことを言い出す中学校・高校時代でも、考え方や行動にはまだ幼稚さが残ります。親や教師は、子どもたちが失敗しないように、いろいろと口出しをしたり、手助けをしてしまったりすることも多くあります。

中学校・高校時代は、子どもと大人との関係が相補的関係（親や教師の喜ぶ顔をみて、子どもはますます努力をする）から、対称的関係（親や教師の価値観の一方的な押しつけに反発する）へと突入し、大人の助言には耳を貸さなくなる時期です。大人としてはついつい腹を立てたり、指導をしようと言葉をかけ、今のうちに何とかしておきたいと思ったりしますが、気持ちが通じず、子どもとの間に確執が生まれることも多々あります。

先に紹介したユニセフ・イノチェンティ研究所は、イギリスの国立家族育児研究所が、以下のような質問に「はい」と答えられる子どもの数を推定するために調査を行ったという報告をしています。皆さんの子どもは、どのように答えるでしょうか。想像してチェックしてみてください（「はい」に○を記入）。

①私の親は、必要とする時にいつもそばにいてくれる。	
②私の親は、私を愛し、大切にしていると感じさせてくれる。	
③私は、抱えるどんな問題でも親に話すことができる。	
④私の親と、私はたくさん話し合う。	
⑤私の親は、必要とする注意を私に向けてくれない。	
⑥私の親は、自己嫌悪を私に感じさせる。	

いかがでしたか。イギリスの結果は、①から順に76%、65%、56%、20%、11%、7%だったそうです。あなたの家庭では、どのような結果になるのでしょう。興味あるところです。①〜④の関係が理想であり、⑤⑥と子どもに思わせないように接したいものです。親子関係を良好にし、子どもに幸せを感じてほしいと願っています。

発達段階に応じた育て方

3歳までは肌を離さない、7歳までは手を離さない、13歳までは目を離さない、19歳までは心を離さない、というのが〝子育ての鉄則〟だと言われます。子どもが3歳になるまで親はできる限りの愛情を注ぎ、安心感を与え、7歳までは手を抜かずにしっかりと、子どもに〝しつけ〟をしなければいけない時期です。そして、中学2年になるまでは、子どもの行動や様子をいつも見て、変わったことはないかと観察し、また社会規範も教え込んでいくことが大切になってきます。中学2年になった13歳以降の思春期突入後は、距離感を保ち、子どもを信用して見守る姿勢が重要だと言われます。19歳を過ぎれば、彼氏や彼女ができて、子どもは自然に巣立っていくものです。

理想的な親子関係を以上のようになぞってみました。しかし、現実はこのような軌跡で子どもが順調に育っていくとは限りません。そこに、親の苦悩があります。愛情を注ぐべきときに虐待に近い行動をとる親もいます。子どもを甘やかし〝しつけ〟をしっかりできない大人も多くなったと言われます。小1プロブレム（小学校に入学した子どもが落ち着いて教師の話を聞けず、友達と騒いだり立ち歩いたりして授業が成立しない現象）が、大きな社会問題になっていますが、これも家庭や幼稚園などでの〝しつけ〟がしっかりなされなかったことが一因としてあるでしょう。親の過保護、過干渉が続き、親離れ、子離れができず、親子関係がぎくしゃくしている家庭もあります。また、私は、思春期の反抗的な態度に戸惑う親から、相談を受けることも多くなりました。親は、子どもが思春期に突入したと頭では理解していても、実際に反抗されたら、冷静な対応はとれないものです。

　子どもの発達段階を一覧表にしてみます。学校教育や家庭での親との関係でとくに注目される年代は、ギャング期以降です。思春期と重なり、身体的・心理的にもさまざまな問題を抱える難しい時期です。その発達の特色を学び、応用することは、より子どもを支援するためには欠かせません。

	歳の目安	子どもの状態	家庭での対応
胎児期	～0	お母さんと一体。	安心で安定した家庭環境を作る。
叫喚期	～0・6	泣き叫び、生理的な訴えをする。	子どもに声をかけながら〝むずかる〟ことを察知し、快適な環境を保つ。
喃語期	～1・5	「アーアー」「ウーウー」など声を発し、感情表現も豊かになってくる。	子どもの言葉に反応して、いろいろなことを話しかけ、コミュニケーションをとる。

	歳の目安	子どもの状態	家庭での対応
まねぶ期	〜2	親や身近な人の動作や言葉を真似したり、繰り返したりする。学ぶ意欲が芽生える時期。	「ぶーぶー」「まんま」など、単語を繰り返してあげたりして、子どもの言葉獲得を支援する。
なになに期	〜4	学習意欲旺盛。身のまわりのすべてのものに興味を示し、うるさいほど質問を繰り返す。	言葉獲得が最も盛んで、脳も急激に成長するときなので、できるだけ子どもの質問に答えて学習を支援する。
なぜなぜ期	〜9	考えることの始まりのとき。「なぜ」「どうして」と答えに窮するような質問を次々に繰り返す。	うるさい、めんどくさいと思わず、子どもの目を見て、しっかりと対応する。わからないことは一緒に調べたり、考えたりする。
ギャング期	〜13	親から少し距離をとり、友達や仲間と行動をともにし、言葉遣いが悪くなり、徒党を組んでいたずらもする。	家庭で悪態をついたり、態度が大きくなったりするが、成長の一段階だと考え、距離をとって見守る。
チャム期	〜16	仲の良い友達とグループをつくり、同じ言葉を共有して、他者を排除する。仲間外れも起こりやすい。	友達やグループを何よりも大切にし、家庭では会話が少なくなるので、変わったことがないか、つねに観察して見守る。
ピア期	〜19	相手との考え方や環境の違いも理解し、その上で付き合うことができるようになる。	子どもの意思を尊重し、信頼感を持って付き合う。そして、いつも応援しているよというメッセージを出していく。

子どもの発達段階と対応

思春期はどんな状態？

親や家族といつも一緒に行動していた子どもも、小学4年を過ぎる頃から仲間や友達とともに行動するようになり、親離れをし始めます。家族旅行や親戚との行事などにも、クラブ活動や友達との付き合いを優先して参加しないこともあります。これが「ギャング・グループ」と呼ばれる仲間をつくる時期の始まりです。しかし、まだまだ親に甘えてくることも多く、親子関係は良好である場合が多いようです。

中学1年の後半から中学2・3年は「チャム・グループ」というなかよしグループで行動する時期です。これは「その集団内だけでしか通じない言葉（＝符丁）を作り出し、その言葉が通じるものだけが仲間であるという境界がひかれる」（保坂亨『いま、思春期を問い直す』東京大学出版会、２０１０年）という絶対的な拘束力のあるグループです。非常に仲の良い友達ができる反面、いじめ、ハブされることも起こり、難しい年代です。

高校生になれば「ピア・グループ」が理想です。「ここでは共通点・類似性だけではなく、互いの異質性をぶつけ合うことによって、他者との違いを明らかにしつつ自分の中のものを築き上げ、確認していくプロセスが見られる」と千葉大学の保坂教授は前掲書で指摘しています。

時期	目安	発達段階	学習段階／学習動機	キーワード	大人側の対応
思春期前期	小4〜中1	ギャング・グループ 相補的関係（親、教師との良好な関係の保持） 勤勉と劣等感	習得型学習の定着／ 報酬志向 関係志向	気づく 知る 嬉しい 達成感 耐える 我慢	ほめる 励ます 自宅学習を促す ノートづくりの指導 安心できる雰囲気づくり 見守る 学びの楽しさを与える
思春期	中2〜高1前半	チャム・グループ 対称的関係（大人の価値観の押しつけに反発） 自己同一と役割の混乱 アイデンティティの模索	学習方略重視の学習／ 自尊志向 実用志向	使える わかる 増やす 楽しい 忍ぶ 孤独 役割の混乱	仲間と学び合える雰囲気づくり 進路の目標を語らせる 自主的学習ができる環境づくり 成功体験を味わわせる 夢を語らせる
思春期後期	高1後半〜高3	ピア・グループ 対称的関係（大人の価値観の押しつけに反発） 自己同一と役割の混乱 アイデンティティの獲得	自問自答型の学習／ 訓練志向 充実志向	できる 納得 追究 充実 不安 自己否定	リーダー意識を持たせる 発展問題へのチャレンジ 問題点の指摘 改善点の指摘 仲間意識の喚起

発達段階と学習段階の相関

エリクソン、市川伸一、保坂亨各氏の知見を参考に作成前ページの「発達段階と学習段階の相関」は、思春期前期・思春期・思春期後期の子どもたちを念頭において作成したものですが、誰もが同じ成長段階を歩むわけではありません。その子ども特有の発達段階や地域、家庭環境、成育歴など、複雑な要素が絡み、学習能力に差が出ることも多くあります。

この年代は、子どもたちに知識を授け、社会で働くための知恵を身につけさせる大切な時期です。家庭での温かい支えの元で、教室で仲間とともに多くのことを学びます。しかし子どもたちは、今までの経験から、「自分はこの程度だ」「どうせできないだろう」などとマイナスのミスラベルを貼ってしまい、知識の吸収を自ら妨げていることがあります。また、小学校時代から毎学年の担任交替・クラス替え、毎学期の席替えなどを経て、つねに緊張して暮らしています。受験や将来への不安も抱えています。私たち大人は、そのような子どもたちの立場をその身になって考え、理解した上で支援していく姿勢が必要になってくるのです。

大人が口を出す必要があるのはどんなとき？

中学生になる頃、子どもたちは自分で考え、判断し、行動することができるようになってきます。しかし、この子どもと大人の狭間期は、無口になったり、急に不機嫌な態度をとったり、会話も成り立たないことがよくあります。友達との活動を最優先し、親との関係が煩わしいという態度をとる子も出てきます。親は、子どもが何を考えているのか理解不能に陥り、異星人を見ているような錯覚に陥ることもあるようです。まだまだ見守り、支援しなくてはいけないこともたくさんあるのに、どのように対応すればいいのか悩んでいる方も多くいます。このようなときこそ、子どもたちと接する機会が多く、大局的に見ることができる教師の出番です。教師は、相談にのれるだけの力量をふだんから蓄えておく必要があります。

親や教師が介入しなければいけない場面を整理してみると以下のようになるでしょう。

1　危機的状況……命を危険にさらす、他人に迷惑をかける、法に触れる行為に及ぶ。
2　習慣化のおそれ……ゲームばかりする、試験前なのに勉強しないなど。
3　うっかりミス……偶然やってしまった失敗に、本人もどうしようと困っている。
4　反抗……親や教師の価値観の押しつけに反発する。
5　大人への不満……親や教師がカチンとくるような発言をする。
6　SOS発信……親や教師にすぐにばれるような悪さをする。

「1　危機的状況」では、有無を言わせず介入します。「ダメなものは、ダメ」という毅然とした態度を一貫してとることです。保護者、指導者が全身全霊を傾けて対処する態度に子どももも大変なことなのだと理解し、納得できるのです。

「2 習慣化のおそれ」があるときは、保護者や指導者の腕の見せどころです。「いつまでゲームやってるの！　やめなさい」「明日から試験なのにいつまでテレビを見ているの。早くテレビを消して勉強しなさい」と叱ったところで、何も解決しないことははっきりしています。このような言葉かけを「YOU（あなた）メッセージ」や「（高圧的な）命令、指図」と言います。これでは、お互い不愉快になるだけで効果がないのは、経験上納得できると思います。子どもの行いが心配になったり、不安を覚えたりしたときは「I（私）メッセージ」を使いたいものです。「お母さん、あなたがゲームばかりしているので心配だわ」「明日から試験なのに、あなたがいつまでもテレビを見ているので、大丈夫かなとすごく不安なのだけど」と話しかけます。すると子どもは「大丈夫だよ、学校でしっかり勉強してきたから」という具合に言うでしょう。そうしたら「あら、そうなの。お母さん、安心したわ」と返せばいいのです。それが嘘でも、それ以上踏み込めばやぶ蛇です。

「3 うっかりミス」は、本人が一番「しまった」と思っています。「大丈夫だった？　けがをしていない？」「びっくりしたでしょう」などと、相手の心理的事実に寄り添い、否定的な言葉を遣わないことです。さらに、このミスが新たな学びにつながっていけばいいですね。

「4 反抗」のときは、子どものプライベート・サークルから出て距離をとるしかありません。近寄らないことです。ケガをします。でも、いつまでも反抗は続きません。時間が経てば、子犬が尻尾を振って甘えるように近づいてきます。このときには、プライベート・サークルに入って可愛がればいいのです。このように甘えてくるのは退行（子ども返り、赤ちゃん返り）と言われる行動です。子どもは、反抗と退行を繰り返しながら、自立して大人になる準備をしているのです。

「5 大人への不満」を持っている子には、しっかりと向き合い、話し合える場を持ち、不満を口にできる雰囲気を醸し出したいものです。そして、大人のほうで直せるものならば、〝誤りを訂正する勇気〟〝謝る勇気〟を持つことが、確執を埋める早道になります。

「6 SOS発信」は、いじめの早期発見のキーポイントです。ふだんから、子どもとの信頼関係があり、相手のことをしっかり観察している保護者や指導者であれば発見できます。制服に靴の跡がついている、ノートに落書きされている、お母さんの財布からお金を抜き取る、見慣れない品物が子ども部屋に置いてあるなど、いくらでもSOS発信を見つけるきっかけはあります。学校でも、元気がない、今まで遅刻しない子だったのに仲間と一緒に遅刻してきた、休み時間に仲間の輪の中で1人で騒いでいるなど、少しでも「アレッ！」と感じたなら、小まめに声をかけましょう。このとき、仲間やクラスメイトの前で聞かないことが鉄則です。さりげなく用事を頼み、２人だけのときにソッと声をかけるなどの工夫をしたいものです。思春期の子どもたちとの接し方は、知っているのと知らないのとでは大きな差が出ます。どうか、教師も親も学び続ける姿勢を持って、子どもの支援に役立ててください。

いじめという現象

子どもからSOS発信があっても、それを捉えるのは難しいことです。だから、見逃してしまったり、捉えていてもいじめに発展することがあります。なぜなのでしょうか。いじめが起きやすい状況というものがあります。まず、いじめが起きる仕組みといじめの定義、そしてSOS発信が捉えにくい理由について考えてみることにしましょう。

アンデルセン童話に『みにくいあひるの子』という話があります。ストーリーは、誰もが知っている通りです。兄弟と違ってたいそう体の大きな灰色のみにくいあひるの子は、どこへ行ってもいじめられ、つつかれて悪口を言われます。はじめのうちはみにくいあひるの子をかばっていたお母さんも、しまいには「おまえさえ、どこかへ行ってくれたらねぇ」と、ため息をつくようになりました。みにくいあひるの子はいたたまれなくなって、みんなの前から逃げ出してしまいますが、どこに行っても誰とも仲間になれず、転々とします。その後、厳しい冬を越えて羽が抜け替ると美しい白鳥になり、「あたらしい白鳥は、わかくて、いちばんきれいだね」という声を聞いて、幸せをかみしめるのです。兄弟にも母にも見放され、まわりからも心ない言葉を投げかけられ、本当につらい1年間を体験したみにくいあひるの子は、みんなの賞賛する言葉にどれだけ励まされたことでしょう。

いじめに関する部分を思い出してみてください。この話と同じように、目の前にいる子どもたちは、育ち、性格、学力、行動、考え方も容貌も違います。村社会的な仲間意識を重要視する子どもたちの間では、この違いがいじめの対象となることが往々にしてあります。さらに、わざわざ違いを演出して〝仲間外れ〟を作ることもあります。

子どもたちには、違っていいのだと、気づいてもらわなくてはなりません。「赤信号、みんなで渡れば怖くない」ではなく、金子みすゞの詩にあるように「みんなちがって、みんないい」(『金子みすゞ童謡集　わたしと小鳥とすずと』ＪＵＬＡ出版局、１９８４年)と思える学びの場を提供しましょう。大人は、子ども一人ひとりに違いがあることを念頭において、子どもたちに向き合ってください。それが、目の前の子どもを大切にすることの基本なのです。

「いじめ」について、法律では次のように定義しています。

児童等に対して、当該児童等が在籍する学校に在籍している等当該児童等と一定の人的関係にある他の児童等が行う心理的又は物理的な影響を与える行為（インターネットを通じて行われるものを含む。）であって、当該行為の対象となった児童等が心身の苦痛を感じているもの

（「いじめ防止対策推進法」平成25年法律第71号）

本人が「心身の苦痛を感じている」ことを基準にしていますから、その線引きは非常に難しい点もあります。

世界各国も〝いじめ〟の対応に悩んでいます。p.39「孤独・緊張を感じている子どもたち」で触れた『先進国における子どもの幸せ』では、「いじめの定義」が次のようになっています。

私たちは、ある生徒または生徒集団が別の生徒に対して意地の悪い不快な言葉を言うか、またはそのような行為を行う時、その生徒がいじめられていると表現します。また、生徒が好まないやり方で繰り返し、からかわれるか、あるいは故意に仲間外れにされても、いじめになります。しかし、同じぐらい強い2人の生徒が口論または喧嘩をしている時は、いじめではありません。また、からかいが好意を持って茶目っ気のあるやり方で行われている時も、いじめではありません。

しかし、「いじめと喧嘩の区別はきわどい所では認識の問題」「提示したものの、その区別の難しさが表れている」と自戒しており、いじめの定義は難しいことです。

さて、この調査でOECD加盟国のうち21カ国のいじめの被害を見ると、次のことがわかります。

○いじめを受けた経験があると答えた子どもは、最も少ない国（スウェーデン、チェコ共和国）で約15％、最も多い国（スイス、オーストリア、ポルトガル）では40％を超えている。

○調査対象国の若者の約三分の一が、調査前の過去2カ月間に少なくとも1回はいじめられたと答えている。

日本はデータ不足で総括に含められていないのが残念ですが、OECDに加盟している先進国が、どこもいじめ問題を抱えており、わが国の特殊な事象でないことは、はっきりしています。

［参考］アンデルセン『みにくいあひるの子』山内清子訳、偕成社、1984年

いじめを見過ごす死角

学校現場では、スクールカウンセラーを導入したり、教師が学校教育相談の研修を受けたり学習したりすることなどで、子どもたちに寄り添う努力をしてきました。また、家庭でも少子化の中で子どもたちを大切に育て、以前に増していつも見守る環境を提供してきたはずです。しかし、子どもたちの間でのいじめは一向に減少する兆しを見せていません。その原因は、どこにあり、解決法はあるのか、もう少し踏み込んで考えておきたいと思います。

『平成23年度「児童生徒の問題行動等生徒指導上の諸問題に関する調査」について』(文部科学省、2012年9月11日発表)の、国公私立小・中・高・特別支援学校(3万9183校)対象の調査結果では、いじめの認知件数は7万231件(前年度より7399件減少)、いじめの現在の状況で「解消しているもの」の件数の割合は80・2%であると報告されています。

いじめ発見のきっかけは、①アンケート調査など学校の取組(28・3%)、②本人からの訴え(23・4%)、③学級担任(18・1%)となっています。また、いじめの日常的な実態把握のために、学校が直接児童生徒に対し行った具体的な方法については、①アンケート調査の実施(90・2%)、②個別面談の実施(83・5%)、③個人ノート等(57・5%)と、いじめ発見のため、全国の学校で努力がなされていると読み取れる数字が並んでいます。
しかし、いじめ事件が発覚したとき、メディアの取材に「気づかなかった」「まさかあんなに明るかった子が……。信じられない」「仲のいい友達同士の遊びだと認識していた」などの発言があるように、文部科学省の数字は、学校が認知できた限られたものであると言えそうです。陰湿ないじめが発覚しないのは、保護者や教師に死角があるからです。子ども、保護者、教師という3つの立場から、いじめが見過ごされてしまう要因となる、おのおのの態度、意識を考えておくことにしましょう。

〈子ども〉

○相手に対する恐怖がある。仲間外れにされ、居場所がなくなるのが怖い。
○弱音を吐いたり、おどおどすれば、いじめがエスカレートするという思いがある。
○教師や親にシグナルを出すが、気づいてもらえない。
○教師や親に相談しても親身になってもらえず、逆に叱咤激励される。
○親の期待を裏切りたくない。
○教師に訴え、指導が始まれば、まわりの生徒からチクリと揶揄されてしまう。
○自分にも悪い点があると感じている。

〈保護者〉

○「学校をやめたい」「クラブをやめたい」と言う子どもに、「つらいことから逃げてはいけない」「途中でくじけては、将来が心配だ」などと説教をする。

○親の財布からお金を抜き取る行為に対して、「あなたは泥棒？ 恥ずかしい」「お前は信用できない。クズだ」などと一方的に責める。友達に脅されているのではないか、なぜお金が必要なのかなどと考えるゆとりがない。

○暗い顔をしている、無口になる、といった子どもの状態を、思春期だから仕方ないと勝手に思い込む。

〈教師〉

○活発で意見をはっきり言う生徒を学校活動の中心にする。

○子ども同士のじゃれ合いやふざけあいは、当然あるものと考え、介入しない。

○休み時間や放課後、一緒にいる子どもたちを仲間だと思ってしまう。

○グズグズしている生徒に好感が持てない。

○仲間を笑わせたり、明るく振舞っている子どもに注意を払えない。

以上のように、立場ごとに態度や意識を書き出してみると、それぞれに大きなズレが生じていることがわかります。このズレをできるだけ小さくしていくことが必要です。ふだんから子どもたちと、いつでも会話できる関係を保っていくことが、このズレを起こさないための基本と言えるでしょう。

心を開いて話せる関係がいじめの早期発見につながる

親と子、教師と生徒が日頃から信頼関係を築くには、どのようなコミュニケーションをとればよいのでしょうか。クラブ内でいじめられて悩んでいることを言えずに、「クラブをやめたい」と言いだした子どもとどう話し合えばよいのか、具体的に考えてみましょう。

〈親子の場合〉

子「じつはさ、ぼく、クラブをやめたいんだ」

親「何、言ってるの。また、途中でやめるの？　あなたは、いつもそうね。せっかく入ったクラブなんだから、続けなさい」

何かと忙しい親は、子どもの話をじっくり聞こうとしないで、ついこのように言いがちです。

しかし、「何、言ってるの」という言葉を呑みこんで、ちょっと考えてみてください。今まで喜んで練習に参加していた子が、最近はぐずぐずしてなかなか行こうとしないなど、子どもはサインを出していたはずです。そこで「ちょっと、話を聞きましょう」という態度をとると、子どもは心を開いてくれるものです。

親「あぁ、そうなんだ。やめたいんだね」
子「だって、このままじゃあ、レギュラーになれないじゃん」
親「レギュラーになれないから、イヤなの？」
子「それだけじゃなくてさ」
親「あら、それだけじゃないの？」
子「うん。ちょっとね、先輩たちが厳しくて」
親「そうなの、先輩が厳しいの？」
子「うん。顧問の先生もぼくのこと殴るんだ」

ここまでくれば成功です。静かに子どもの言葉を繰り返しながら、子どもに寄り添って話を聞いていると、思いがけない本音を引き出すことができます。親子の間で信頼関係を築くには、ふだんからこういう会話ができるようにするしかありません。例えば、お風呂上がりにジュースを飲んでいる子どもの隣に何気なく座ってタイミングを見つけるなど、子どもが話せる環境をつくることも大切です。

〈教師と生徒の場合〉

生徒「じつは、私、クラブをやめたいんです」

教師「そうか。でも受験のことを考えると、クラブ活動の実績は内申書にも反映されるぞ。我慢することも勉強だ。やめないほうがいい」

教師は、クラブをやめたいという子どもを見ずに、進路などの将来のことを考えがちです。また、クラブの顧問がしっかり心配りをしているだろうという心の隙間もあります。いじめられていることを教師に相談すると、いじめがますますエスカレートするという悪循環もあり、生徒は「いじめられています」とは言わないものです。また、いじめられている子は明るい、クラスのマスコット的存在になっている場合も多く、教師にはわかりづらいこともあります。

面談室であらたまって、生徒に「何か、悩んでいることはある?」と聞いても、なかなか心を開いて語ってはくれません。日頃から日常会話ができるような関係があればこそ、本心が聞けるというものです。そのためには例えば、そうじ当番の時間や、早朝あるいは放課後の教室に顔を出して、ひとりでポツンといる子を見たら、話しかけてみましょう。このとき、学校の話題以外の何気ない日常会話をしながらコミュニケーションをとるのがポイントです。

教師「趣味はどんなことなのー？」
生徒「うーんと、映画を観ることです」
教師「そうなんだ。最近、観た映画で何が面白かった？」

次に生徒に会ったときに「あなたが言っていた映画、先生も観てきたよ」と言えば、話がさらに広がっていきます。このようなちょっとした会話の積み重ねが、信頼関係を築くことになるのです。

「私は、なぜ教師をやっているのか？」。迷ったり悩んだりしたときは、そう自分自身に問うてみてください。〝子どもが好きだから。子どもが可愛いから〟。これが教師という職業を続けている原点だと思います。〝子どもが好き〟という原点に戻れば、その子自身をもっとよく知ろうという気持ちが芽生え、日常会話も自然に生まれるものです。

いじめを予防するための即効薬のようなものはありません。親と子、教師と生徒が、心を開いて話せるような、ひとりの人間対人間としての信頼関係を日頃から構築していくことが肝腎なのです。

いじめ根絶という難題

従来、〝いじめ対応〟は、問題が起きた場合の対症療法的事後対応として、速やかに適切な対応をとる必要性に力点をおいて語られてきました。しかし、事件が後を絶たない現実が横たわっています。従来の指導や対応だけではなく、今後は生徒たちにいじめをはね飛ばす力や生徒同士で解決できるスキルを身につけるなどの、予防的な教育に軸足を移すことも大切になっています。

文部科学省所轄の国立教育政策研究所では、問題を未然に防止する取り組みとして、教師のとるべき手法を推奨しています（国立教育政策研究所生徒指導研究センター『問題事象の未然防止に向けた生徒指導の取り組み方』２０１０年６月）。要約すると次の通りです。

①　児童生徒の現状を、質問紙調査や欠席・遅刻・早退の日数等（客観的に測定でき、繰

り返し実施可能で比較可能な尺度のもの）で把握し、課題を発見する。
②その課題をどう変えたいかという目標（1年後・半年後・学期の終了時などの期日までに実現したい状況）を設定する。
③設定した目標を達成するための具体的な取り組みについて、計画を策定する。
④計画に沿って、一連の取り組みを着実に実施する。
⑤一定期間終了後に、目標の達成状況を把握し、右記①～④それぞれの適否を検証する。
⑥検証の結果から導かれた新たな課題を右記①として、再び②～⑤を実施する。

この取り組みは、いじめを未然に防ぐために、生徒たちの現状をクラスの担任だけが把握するのではなく、組織をつくって学校全体でつねにチェックしていこうというものです。しかし、この手法を継続するには強いリーダーシップが必要です。組織として全員で取り組めば、それだけで大きな効果を発揮することは間違いありませんが、非常に難しい問題も抱えています。学校での取り組みの難しさの背景として、次の4項目が考えられます。

1　起きていない事象に対しては、危機感を実感しにくい。
2　保護者も教師も繁忙で、子どもと過ごす時間が少ない。

3　立場の違いによって、考え方がさまざまで同じ対応ができない。
4　事象が目の前にないと継続が難しい。

この難しさを乗り越えるには、まずこの現実を認識し、日常の授業やホームルーム、課外活動などを通して、問題が起きにくい学校風土作りをすることだと思います。問題が起きにくい学校風土を作るには、以下のような方法が考えられます。

1　〝信頼・観る・聴く・話す・協働〟という、子どもに向かう姿勢を共通認識として持ち、全教職員で取り組む。保護者も同じ視点を共有する。
2　前述の、問題を未然に防止する取り組み①～⑥のような〝予防的教育〟を全校規模で実施する。
3　教育相談力の獲得のための研修を学校全体または個人で積極的に行う。
4　授業研究、公開授業、研修会、講演会などを行い、教科指導、課外指導などのスキルをアップさせる。
5　家庭、地域でも子どもたちを育てる環境を整える。

子どもたちを有為な人材に育てるのは、国家の最重要課題です。そして、親も教師も同じようにその大切な使命を担っています。家庭が落ちつける場になっていない、学校が安全な場になっていないとすれば、それは由々しき問題です。家庭でも学校でも全力を挙げて、子どもたちを支援する必要があります。

いじめをなくすには、問題が起きにくい風土を作るなどして、未然に防ぐ努力をしていかなければなりません。そのためには、子どもとはもちろん、大人同士も信頼し合うことが基本となります。次の節では、子どもを取り巻く人間関係と、信頼関係を築いていくためのより具体的な対策と方法について、見ていきましょう。

古着販売を通した新しい被災地支援

麻布大学　志田淳

僕がいま取り組んでいるのは、古着を使って気仙沼の高校生を支援するLOCAL CROSS MARKETという取り組みです。僕は宮城県気仙沼市出身で、高校を卒業するまで気仙沼で暮らしていました。震災が起きたのは東京の大学に進学してから1年が経った頃で、その日は東京にいました。東京に住んでいると、東北に居るときとは違う視点で震災を見ることができます。周囲と震災に対する意識が大きく異なって、孤独感に苛まれたことも多々ありました。しかし東京と東北とでの報道の熱の違いや学生の意識の差など、東京に居たからこそ危機感を覚えたという面もあったと思います。そんな中で震災支援の在り方が多様化し「支援をしたくても関わり方が分からない」という学生が増えていくようでした。そこで古着を提供するという形で新しい支援の形を作ることができるのではないかと思い始めたのがこの取り組みです。高校時代に気仙沼で感じていた「着たい服があっても買える店がない」という想いとも重なり、楽しみながらこの活動を続けています。

［注］記載の大学には認定当時在籍。

3 信頼関係を築く

家庭・教師・学校の立ち位置

子どもを育てるには家庭と学校が協力し合うことが大事です。しかし、家庭と学校の関係は、最近大きく変わりました。保護者の高学歴化、塾などの受験教育激化、競争社会、生活格差などの急激な変化の中で、従来にない難題を学校は抱え込んでいます。

では、学校教育が機能するためには、子どもを取り巻く人間関係がどのような状態であればよいのでしょう。図式化すると次ページの「学校教育存続のシステム」のようになります。

保護者や子どもは、多くの学校から、学校案内の資料や学校説明会での印象などを頼りに学校を選択します。しかし入学後、説明されていた内容と違いがあれば、苦情やクレームをつけることになります。学校は約束した教育の保証に努力しますが、謳い文句通りいくとは限りません。多くの保護者はそこを理解してくれますが、一部の親からしつこくクレームが寄せられると、モンスター・ペアレントだ、クレーマーだなどとレッテルを貼り、保護者との接触を避けようという意識が起こります。そして、お互いの信頼関係にヒビが入ります。

その現実に対応するために、学校は、できるだけ即戦力として使える教師を採用しようとします。試験・面談・模擬授業などを入念にして優秀な教師を採用しますが、優秀であっても、経験の少ない若手教師がすぐ実力を発揮できるわけがありません。教育実践への期待に応えられない教師に、学校側は問題教師のレッテルを貼り、指導や研修を繰り返し、教師との関係も悪化していきます。教師の職に夢を持ち、憧れて就職した若者も、理想と現実のギャップや保護者の対応に悩み、精神的に追い込まれるケースが増えているようです。そして、子どもたちに怒りや暴力をぶつける教師すら出現します。そんな教師や学校に子どもも保護者も不満を持って信頼感が保てなくなり、「**教育の悪循環**」が起こりやすくなるという現実もあります。

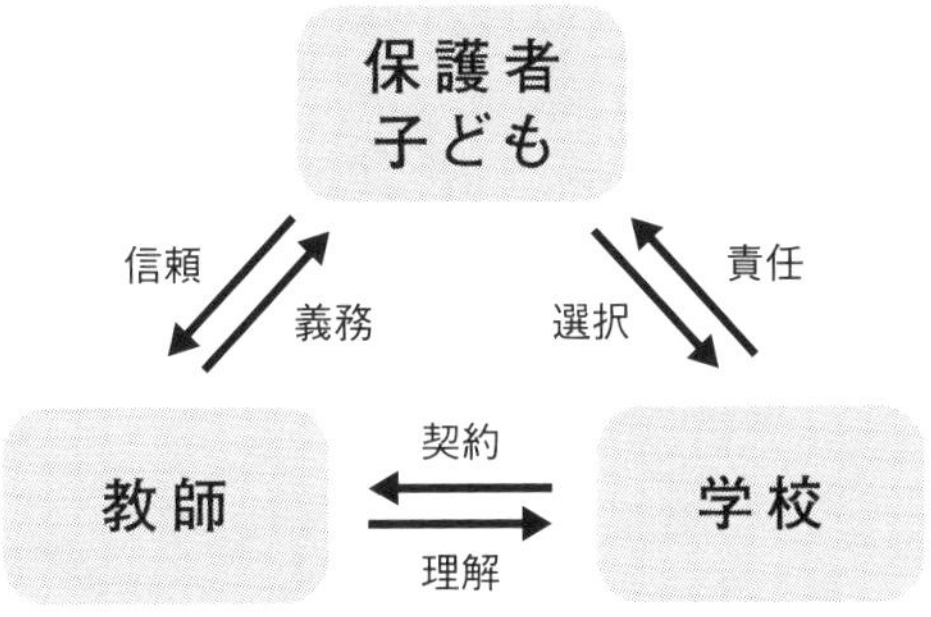

学校教育存続のシステム

さらに、文部科学省は次の考え方を示しました。

被罰者に肉体的苦痛を与えるような懲戒（正座・直立等特定の姿勢を長時間にわたって保持させる等）に当たると判断された場合は、体罰に該当する。

（「学校教育法第11条に規定する児童生徒の懲戒・体罰に関する考え方」２００７年2月5日）

これによって教師は、懲戒を体罰とみなされないかと萎縮した状態で子どもに向き合うことが余儀なくされています。もちろん体罰をしてはならないのは当然ですが、生徒の暴走を厳しく指導して止める方法を見失ってしまい、〝話し合いで解決する〟という一辺倒の指導法だけが残されたのです。

そのように教育が混迷した中で、いじめや体罰な

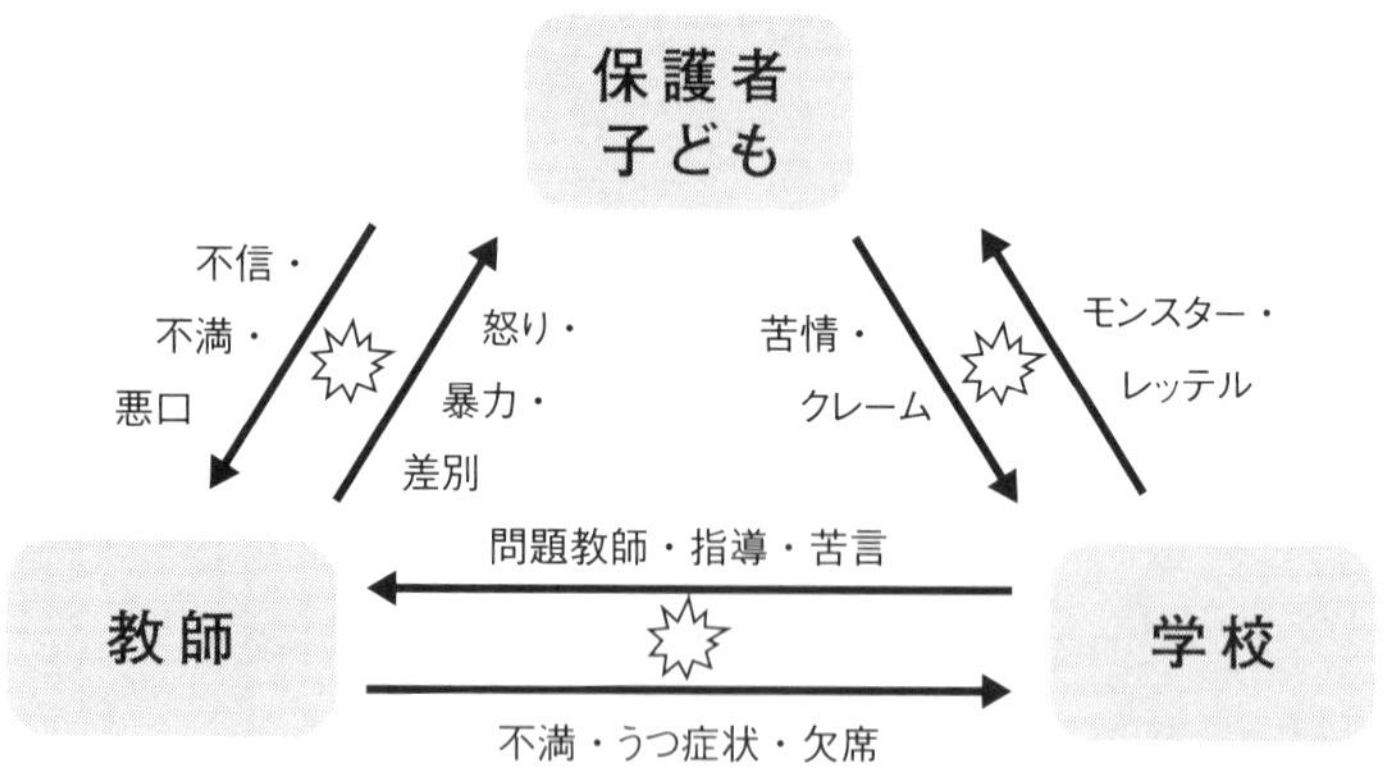

教育の悪循環

どのさまざまな問題が露出して、早急な対応が求められています。

学校という場は、下にある「**教育のあるべき姿**」の図のように、3者が信頼し合ってこそ存在する意味があります。公立・私立を問わず、学校にはそれぞれの環境や文化があり、特徴もあります。さらに私立学校では、創設者の教育理念のもと、独自の教育を行っています。保護者や子どもはそれぞれの学校をよく観察して、どの学校が合うのか、能力を伸ばしてくれるのかを検証し、将来の夢を託して学校を選択します。学校は、選択（入学）してもらったからには常日頃から努力を怠らず、良質の教育を提供していくことが求められるのは当然です。

しかし、良質の教育とは何か、という定義が簡単にできないところに大きな問題を抱えています。千人いれば千通りの考えがある、と言っても過言では

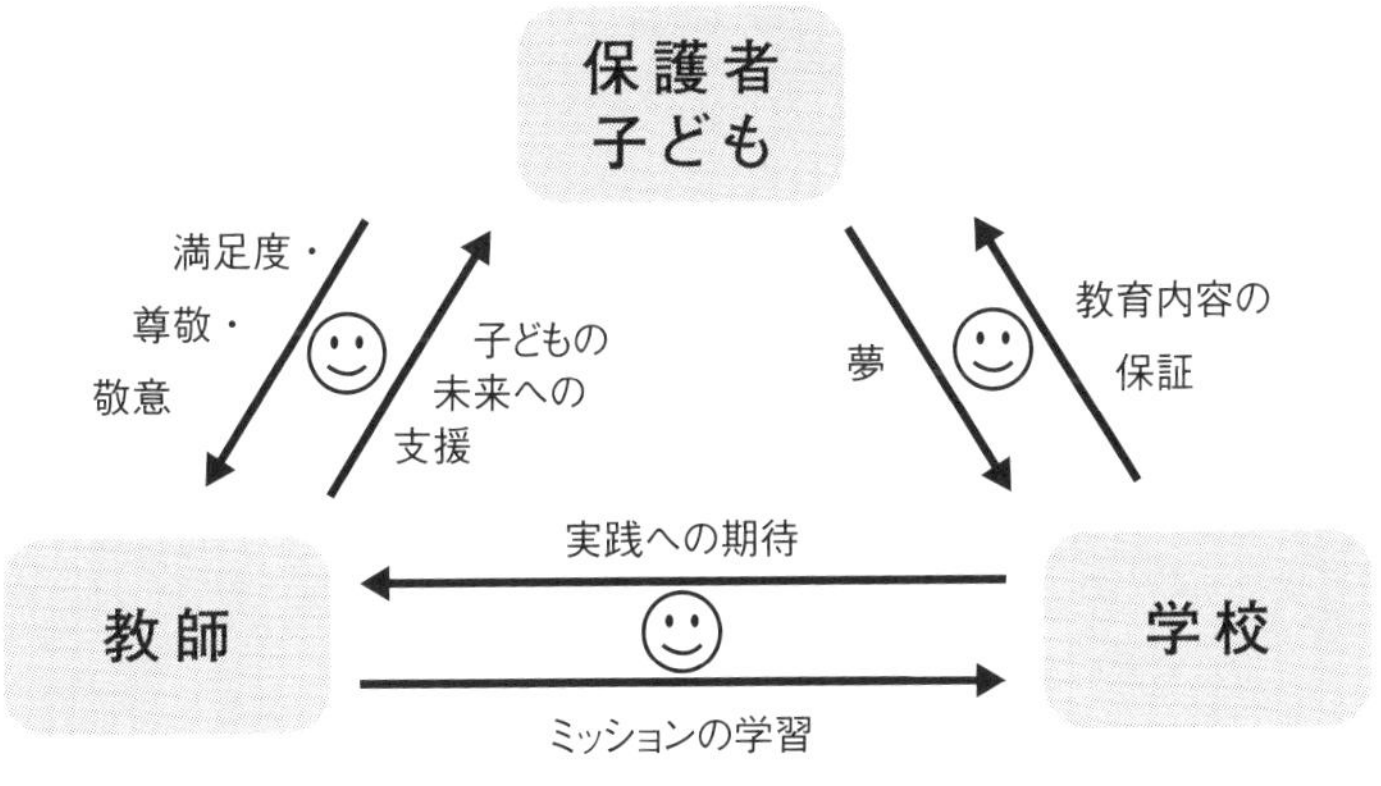

教育のあるべき姿

ありません。だからこそ、3者の間に齟齬が起こりやすいのです。その上、最近は学校の位置づけや、学校に求められるものが変わってきました。齟齬はますます大きくなります。家庭や地域、学校の関係で以前と違ってきたこととは何かを検証しておきたいと思います。

子どもの生活習慣を学校が担う?!

文部科学省が推奨した「早寝早起き朝ごはん」の運動は、全国協議会が2006年に設立され、PTA、子ども会、青少年団体、スポーツ団体、文化関係団体、読書・食育推進団体、経済界などを巻き込んだ大きなうねりとなって発展しています。この運動が起こった事情について、企業向けのパンフレットには次のように記されています。

近年、授業に集中できない子どもや低下する子どもの体力など、子どもを取り巻く様々な課題が指摘されています。このような問題の背景には、子どもの生活習慣が深く関わっているということが最近の調査・研究でわかってきました。子どもの生活習慣は、保護者や学校だけでは改善できません。保護者が働く企業の協力が不可欠です。

(文部科学省『企業と家庭で取り組む早寝早起き朝ごはん』2012年3月)

子どもたちの学力向上に生活習慣の安定が不可欠なことは、子どもたちと日々接している教師には実感として捉えられるのではないでしょうか。遅刻をしない、宿題はやってくる、授業中に眠らないなどは教室では普通のルールでした。もちろん生活習慣を教えるのが、家庭の役割であったことは当然ですが、その機能がうまく作動せず、地域のコミュニティの力も低下している中、学校での生活習慣の指導が学力向上には欠かせない要素になってきたのです。

文部科学省が規則正しい生活習慣の復活を促したり、学校現場で規律を守る実践を積極的にする必要が起こってきたりした背景には、家庭や地域の変化が見逃せません。しつけに関する役割を担うことまでがなぜ、学校に求められるようになったのでしょう。

〝学校vs.家庭・地域〟の信頼

コンビニで1000円の買い物をしたら、1000円相応の価値のあるものが渡されます。もし不良品なら、返品されて当たり前です。それと同じように、学校にお金（税金や学費）をかけているのだから、それに見合う効果がないと許さないという考え方を、学校のコンビニ化現象と言うことがあります。学校にしつけを求めるのは、こういう考え方が影響しているのかもしれません。

現代の世の中では、対価を求めるのが当然のように思われがちですが、かつて学校という場はコンビニや商店とは違う存在でした。授業中の教師の雑談や遊びの体験談、旅の話、失敗談など、一見、勉強とは関係ないような話が、のちのち子どもたちに大きな財産となることがあったのです。私も教え子たちの同窓会やクラス会に招待され参加すると「習ったことは覚えていないけど、先生の体験談は覚えています」とか、「失敗談が役立った」「先生の旅した地を昨年妻と一緒に行ってきました」などと勉強の話はほとんど聞きません。このようにかつて学校の教育は、すぐ結果を求めるものではないことが暗黙の了解事項であったはずです。

ところが21世紀になって学校も社会の変化に連動し、今までとは違う価値観で動き出しました。医療行為についての、インフォームド・コンセント（患者に丁寧に説明し、同意を得ること）やセカンド・オピニオン（第二の専門家の意見）と同次元の動きが出てきたと言われます。子ども、保護者、地域住民が、学校へ無条件に寄せていた信頼が今はなく、信頼関係は教職員と子どもや保護者、学校評議員や地域住民などの間であらためて築きあげていくものになったようです。

親の高学歴化、情報化時代、グローバル化や権利主義などと時代は大きく変動している中で、教師もそれに対応できるスキルと実行力を身につけておくことは重要になってきました。今、学校に求められる説明責任を果たすには、次の表のような丁寧な対応をとることが求められます。ただ、実行する場合は、一方的伝達や通達にならないように心掛けましょう。

入学前	学校経営の基本方針、教育計画、オーナールール（教育理念、目標、シラバス、校則など）を理解してもらう。
経過	授業参観、学校公開、教科連絡、講演会、保護者会、学級懇親会などの実施。学年通信、学級通信の配布。
結果	通知表、こまめな面談、三者面談などによって、個々人の到達点および改善点を指し示す（成果と課題）。

学校に求められる説明責任の3段階

そして、家庭との連携も不可欠です。当然のことながら、学校と家庭・地域の信頼関係の基本は、教師が子どもたちと真剣に向き合って授業を実践し、子どもたちから信頼される存在であるという点にあります。その上で家庭では、学校や教師を信頼していることを機会あるごとに子どもに伝えてほしいと思います。例えば、子どもが「担任の先生が厳しい」と言えば、子どもの気持ちに寄り添いながらも「真剣に指導してくれているのね」と、「先生、甘すぎる」にには「子どもたちの自主性を重んじているのね」という風に、ポジティブに返すようお願いしたいのです。親も子どもと一緒になって教師や学校の非難をしてしまえば、子どもはますます教師をバカにして、学ぶべきことも学べなくなります。教師と親とが一緒になって、子どもたちに向き合うとき、教育効果はより一層上がるものです。

親や教師に求められる力

今、親や教師に求められる力とは、具体的にどのようなものでしょうか。以下にふだん、保護者会や教職員研修会で私が用いているチェックシートを掲げておきます。各項目をチェックし、○×△で答えてみてください。

信頼	子どもとの間に、頼りにされる人間関係を築いていますか？	
観る	目の前の子どもの特徴や状態をいつも観察できていますか？	
聴く	子どもの話にしっかり耳を傾けていますか？	
話す	子どもの立場も考えて、自分の言葉を明確に伝えていますか？	
協働	子どものことを相談できる人や協力してくれる人がいますか？	

いかがでしたか。子どもたちと「信頼」関係をつくるには、日常的にコミュニケーションがとれていることが重要です。さらに、「ダメなものはダメ」と言えること、大人として彼・彼女らの模範になる行動をふだんから心がけることです。子どもはいつも大人の言動を見ています。

次に大切なのは、いつも相手をしっかり「観る」こと。教室にいる子たちを、「あれ、あの子、今日どうしたんだろう、一人ぼっちで弁当を食べているぞ」「珍しく宿題を忘れてきた、何かあったのかな？」という具合に、日常から生徒を観察しておくことが必要なのです。また、家庭でも子どもの少しの変化も見逃さないように注意しましょう。例えば、シャツのボタンがちぎれている、教科書の表紙が破れている、元気がないなど、まわりの大人がそれぞれの子どもの特性や変化をしっかり見て指導していくことは、子どもの悩みやいじめの早期発見にはなくてはならない視点です。

相手の話をしっかり「聴く」こと。これは、教育相談の基本です。子どもは話を聴いてもらえたと感じれば、また親やこの先生に相談したいなと思います。何か困ったことや悩みがあったとき、家庭や学校内に相談したいと思える大人がいることは、子どもにとっては大きな味方を得た気持ちになり、安心できる環境が整っているということになります。

さらに、「話す」ことも大切です。「いつも話しているよ」と言われそうですが、話すとは、〝相手の考えや思いを尊重しつつ、自分の伝えたいことを話す〟ということです。親や教師が一方的に話すことではありません。アサーション（適切な自己表現）と言われる話し方を練習して、子どもたちに向き合ってほしいものです。

最後に「協働」（コラボレーション）について、触れておきます。親は、自分の子どもだからと一人で悩み、誰にも相談できず自分で処理しようとしがちです。一方で教師は、完全に何でもできるのが教師として当たり前だと考えてがんばってしまいます。人には誰でも得手不得手があります。まわりの人の力を借りたり、相談したり、協力しながら子育てや教育をすれば、個人で行ったときの何倍もの成果が上がることでしょう。

以上「信頼・観る・聴く・話す・協働」の5項目は、子育てには欠かせない要件であり、〝いじめ対応〟にも役立ちます。誰にでも弱いところがあります。その弱い部分を学んだり、相談したり、協働したりして、子どもたちを支援できる力を身につけていきたいものです。

丁寧なコミュニケーション力を手に入れる

子どもたちは親を手本にして社会で生きていくためのルールを学び、学校ではグローバル化した社会で共生するための基礎基本の知識を身につけていきます。そのベースとして、まわりとのより良い人間関係を作る力をつけることが、生きる力につながる大きな課題です。「無視された」「冷たくされた」「友達ができない」など、人間関係をうまく作れないために不登校になる生徒もいます。自分の言いたいことを表現できないために、いじめの標的にされる可能性もあります。さらに、勉強面、社会性の面でもコミュニケーション力の獲得は非常に重要な要素であると指摘されています。

「親との会話が多い子どものほうが、少ない子どもよりも、勉強することにさまざまな理由や目的を見いだしている」と、ベネッセ教育総合研究所の『第1回子ども生活実態基本調査報告書』（2004年）で報告されています。

また、教育学者の秋田喜代美氏の研究チームの調査によると、「成績が高い生徒の方が学習面で相談する相手も多く、また相談される傾向もあること、仲間間での学習ネットワークを1学期の時点で成績低群の子よりも早くから多く形成していること」（秋田喜代美・村瀬公胤・市川洋子『中学校入学後の学習習慣の形成過程』東京大学大学院教育学研究科紀要 第43巻別刷、2004年）が指摘されています。中学入学時から1学期間の観察によって、人間関係の構築（コミュニケーション力）を大切にすることが、勉強面でも大きな意味があると示唆されました。

「丁寧なコミュニケーション」とは、相手の人権・人格や考え方を尊重するとともに、自分も大切にして考えや感情を言葉や文字によって伝え合う行為です。しかし、日本の教育では、コミュニケーションの学習をすることが、ほとんどありませんでした。カウンセリング講座などで、かろうじて行われている程度です。

私が教員研修などで「子どもとコミュニケーションをするための大前提」として示している4項目は、次の通りです。

1 信頼関係があること
子どもが相談したいと思える親や先生になりましょう。

2 一度に多くは言わない
はじめはシンプルに返答します。いろいろ話すと混乱のもとです。

3 相手の気持ちを大切にする
相手の話に耳を傾けてください。傾聴するという、カウンセリングの基本です。

4 自分の気持ちを大切にする
Iメッセージ（私メッセージ）で言いたいことを伝えましょう。

それぞれ重要な項目です。さらに、親や教師が子どもと会話するとき、次の3点に注意すれば、子どもたちが実際の行動に移し易くなります。

1　大きなことは、小さなことに言い直す。
2　抽象的なことは、具体的なことに言い直す。
3　否定的なことは、肯定的表現に言い直す。

例えば、子どもが「将来、イチローみたいになりたい」という大きな夢を語れば、「イチローみたいになるためには、何をすればいいの？」と小さくします。「それは、練習に決まっているじゃないか」と抽象的に言えば、「練習って具体的に何をするの？」とできるだけ目に見える形にしていきます。このような会話を続けるうちに、「先生、僕には無理です」と否定的に言うことも多くなるでしょう。そんなときは、「じゃぁ、その練習の中で、あなたにできることは何？」と肯定的な部分を意識させ、できることを行動に移す支援をしていくのです。

子どもたちの可能性を伸ばす支援をするには、本物のコミュニケーション力を大人も身につけておく必要があります。ここでお伝えしたことを、ぜひ実践してみてください。

プラス思考が子どもの可能性を伸ばす

以前、中学3年生たちに、「親や教師から言われてキツイと感じる言葉は何?」と尋ねたことがありました。そのとき、多くの生徒が挙げたのは「どうせ、お前が努力してもたいしたことないでしょうよ」「いつもあなたは、こうなんだから仕方ないわね」「まったくお前はダメだなぁ」「あなたなんかにできっこないと思うよ」「お前は本当にのろまなんだから」などという言葉でした。どれも、子どもたちの〝やる気〟を削ぐ言葉です。

〝意識が考えて、無意識が応援するとき、人は行動できる〟と言われます。そして、意識はつねにポジティブに行動しようと身構えています。例えば、試験で悪い点を取ったとき、次回はがんばろうと決意します。そして、計画を立てて勉強し始めるのです。ここまでが意識の仕事です。しかし、「やるぞ」と机に向かった瞬間、「どうせ、やっても無理だよ」「いつも言うだけで実行しないな、お前は」「まったくダメだ」「できっこないよ」「バカなんだから無理だよ」という無意識にため込まれた言葉が囁かれ、勉強の邪魔をするのです。

この無意識の中のマイナスメッセージを消すことはできるのでしょうか。フランスに、自己暗示療法を行ったエミール・クーエという人物がいます。彼は「患者を健康にする道具は、かれら自身の中にそなわっている」(C・H・ブルックス、エミール・クーエ『自己暗示』河野徹訳、法政大学出版局、1966年)として「自己暗示」を実践し、効果を上げたと言います。クーエの祖述者のC・H・ブルックスは、効果的な自己暗示の方法を次のように考えました。

晩、床についたら、姿勢をらくにし、筋肉をゆるめ、目を閉じる。(中略)そのとき、どんなものでも、ある望ましい考えを精神に誘導してやれば、その考えは、(中略)ただちに同類の考えと結びつき、したがって、それにともなう同質の感情をひきつけることになる。このようにして、無意識はその考えを受容させられることになり、否応なしにその考えは自己暗示となるのである。

(前掲書より)

そして「クーエの暗示」として世界的に有名になった文が、これです。

「日々に、あらゆる面で、私はますますよくなってゆきます」(Day《デイ》 by《バイ》 day《デイ》, in《イン》 every《エヴリ》 way《ウエイ》 I'm《アイム》 getting《ゲテイング》 better《ベター》 and《アンド》 better《ベター》.)

(前掲書より)

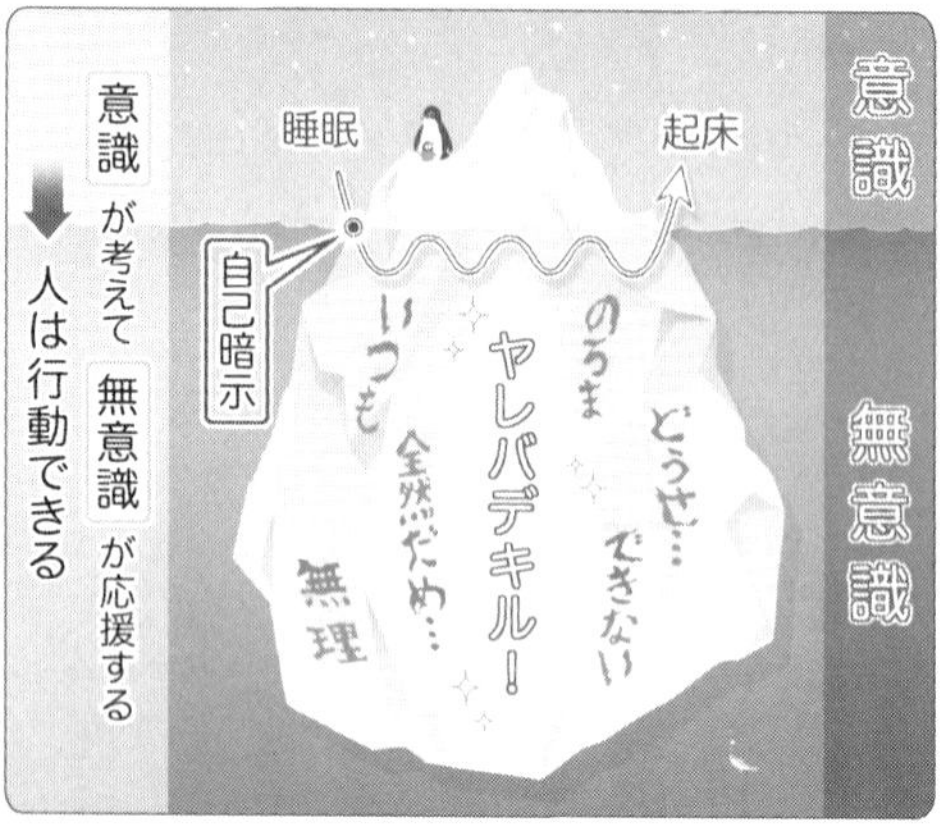

日本では臨済宗の中興の祖とされる白隠禅師が江戸時代中期、「自己暗示」について『夜船閑話』に詳しく記しています。「内観の秘法」と言って、下半身に意識を集中し、ある言葉を唱えながら映像的イメージを拡げ、深く長く呼吸を繰り返すうちに、体が温まっていって心身の調整ができるものです。

まず、親や教師は子どもたちにマイナスメッセージを投げかけないように注意することが重要です。良いところを探し、ほめる行為は、子どもたちが前向きに行動するエネルギーにつながります。しかし、すでに無意識に「どうせ」「全くダメ」「今さら」「できるわけがない」などのマイナスメッセージがため込まれているなら、それを取り除くことも必要になります。夜眠るとき、その日にあった良いことやほめられたことを思い出し、プラス思考の言葉を唱え、眠るようにするのです。そして親や教師は、一日に一度は子どもをほめたいものです。どうぞほめ上手になってください。

【参考】玄侑宗久「禅師、かくの如く自愛せり」『別冊太陽 日本のこころ203 白隠』平凡社、2013年

やる気を削がない言葉かけをする

自分の目の前にいる子どもを大切にするのは、当たり前のことです。大人の誰もがそう考え、実践しようとしているはずです。しかし、実際に子どもをいつも中心に考えるのは難しいことです。忙しいときにしつこく話しかけてきたり、わがままを言って親の言うことに逆らったりすれば、子どもの言い分など聞いていられません。学校でも生徒それぞれの個性を尊重していたら、教育などできないと言われてしまいそうです。とは言っても、子どもとの信頼関係があり、心を開いた会話ができることは、教育において何ごとをするにも基本になります。

p.79で紹介した『第1回子ども生活実態基本調査報告書』では、「親との会話が多い子どものほうが、少ない子どもより、家での学習時間が長い」「知的好奇心や学習意欲などが高い」という指摘もあり、コミュニケーションは重要です。

私は「子供との会話を見直してみませんか」というテーマで、保護者たちとコミュニケーションの学習をした時期がありました。毎回35人程度の母親と6回シリーズで取り組んだ学習会は、第46回読売教育賞の優秀賞受賞という思いがけない成果も上げました。回ごとに「保護者同士が知り合う」「自分らしさを取り戻す」といった内容の演習形式で、活気のある会になりました。

そのうち、第3回目のテーマは「日常の『母親と子供の会話』を見直してみる」。その学習会では、いろいろな場面での子どもへの言葉かけを体験しながら、信頼関係を壊さないために必要なことを学んでいきました。例えば、「テストの時間割が発表になっているのに、少しも勉強しないで、マンガ本を読みながら、ゲラゲラ笑っている姿を見たとき」という場面では、母親の言葉かけに子どもがどう答えるかを考えてもらい、次のようなやりとりが挙がりました。

母親の言葉かけ	子どもの返答
何しているの、少しは勉強しないといけないんじゃない。中3になったら皆がんばっているわよ。	みんなもやってないよ。
マンガはそろそろ終わりにしたらどうかしら。	うるさいなー。
勉強は大丈夫？　そんなにマンガがおもしろいの。	おもしろいよ。
今何をしたらいいのかナ？	何なの？

母親の言葉かけ	子どもの返答
いいかげんにしたら。	何が。
テストが近いんだから、少しずつ始めたら。	やるよ。
自分で計画を立ててあるの？	あるよ。
そんなにマンガの本がおもしろい？　マンガもいいけど勉強は？	おもしろいよ。
あなたのテストの勉強の予定はどうなっているの？	関係ないだろー。
試験の準備は終わったの？	終わるわけないだろー。

母親たちの言葉かけは、子どもの反発を受けないように工夫され、優しい口調ばかりでしたが、想定した子どもからの返答は、表に示した通りです。もちろん、うまくいく場合もあるでしょうが、思春期に入った子どもたちとコミュニケーションをとるのは難しいものです。だからといって、単に〝子どもの気持ちを大切にする〟姿勢だけでは、危険をはらんでいることに注意すべきです。「自分さえ良ければいい」「自分がやりたいことをやって何が悪いの？」というように、子どもの自己中心的な態度を助長する可能性もあります。家庭でも学校でも、オーナールールがあります。やって良いことと悪いことをきっぱりと毅然とした態度で伝えることも大切です。子どもとの会話に必要な要素として、保護者たちと鉄則を作ってみました。

1　ふだんから信頼関係を築いておく。
2　簡潔に話す。
3　子どもの気持ちを大切にする。
4　自分の気持ちも大切にする。
5　一人で抱え込まず、相談できる人と協働する。

どれも当たり前のようですが、行動に移すには訓練が必要です。目の前の子どもたちをやる気にさせるためにも、さまざまな理論やスキルを学び、親や教師としての力量を上げるように努力を続けていくことは、子どもを育てる大人に課せられたノルマだと言えます。

〝聴く態度〟で信頼関係はつくられる

言葉での会話も大切ですが、話を聴いたり、話したりする態度も信頼関係の構築に大きな影響があります。アメリカの心理学者アルバート・メラビアンが行った実験の結果は、後に「メラビアンの法則」と言われるようになりました。感情と態度が矛盾したメッセージを送った場合、メッセージの受け手は、言葉より声の調子や身体言語といったものを重視するというものです。例えば、口で褒められても、ブスッとした表情で冷たい言い方をされたら、褒められたとは感じません。メラビアンは「感情の統計＝言葉による感情表現7％＋声による感情表現38％＋顔による感情表現55％」（A・マレービアン『非言語コミュニケーション』西田司ほか訳、聖文社、１９８６年）という等式を示しました。この数字が一人歩きして、日本では〝人は見た目に左右される〟というように誤解されたまま大ブレークしました。しかし本来は、言語だけでなく、話し手の様子や態度が聞き手に影響を与えると言っているのです。

私は大学生や教員に、人の話を聴くという研修を何度も行ってきました。その中で、「話を聴く態度」というタイトルで教員志望の大学2年生と行った2時間のワークを紹介します。

●学生に配布した「話を聴く態度」のワークマニュアル

【1時間目】

2人組みをつくり、先生役と生徒役を決めてください。生徒役は「先生、相談があるんですけど……」という言葉で始め、あとはアドリブで先生役に相談してみましょう。先生役は以下①～④の聴き方で順番に対応してみてください。今日は、④までの演習をします。

④まで終わったら、先生役と生徒役を交代して、また①～④までやってみてください。
〈聴き方①〉無関心：（切なくなるので）30秒
相手を見ない／あくびをする／髪の毛や洋服をいじる／質問をしない／うなずかない／等
※あくまでロールプレイです。相手を悪く思わないようにしてください。実際は善い人です。
〈聴き方②〉傲慢：（頭にくるので）30秒
相手を見下す／足や腕を組む／一方的な意見を言う／話を途中でさえぎる／えらそうなあいづちをうつ／等
※あくまでロールプレイです。相手を悪く思わないようにしてください。実際は善い人です。
〈聴き方③〉自分なりの聴き方：1分
自分ならばどう対応するか、自由にやってみましょう。
〈聴き方④〉傾聴レベルⅠ：2分
相手の目を見る（見つめすぎない）／あいづちをうつ／笑顔で聴く／さまざまな質問、とくに開かれた質問をする／「へーすごい」などと感心する／身を乗り出して聴く／等
【2時間目】
〈聴き方⑤〉傾聴レベルⅡ
聴き方④に加えて、以下の態度で接してみましょう。

○反射：言っていることを繰り返して、相手に返す。
例）「学校がいやになっちゃった」「そうかぁ、学校いやになっちゃったのかぁ」
○語句の言い換え：反射に近いが少し異なり、多少言葉を変えて相手に返す。
例）「だってA男が超ムカつくんだけど」「なるほど、A男に腹を立てているんだね」
○感情の反射：感情を中心に反射する。
例）「今つらくてさ、何ごとも手につかないんだ」「うーん、今本当につらいんだね」
○確認：話の流れや相手のいいたいことを確認する。
例）「〜で、〜で、〜なんだ」「ふんふん、つまり、〜ってことでいいんだよね？」

〈振り返り〉（シェアリング）

近くのペアと一緒になり4人で振り返りをしてください。それぞれの「聴き方」を体験して、感じたり思ったりしたことを自由に話し合ってください。また、今後どのような「聴き方」をしたらいいか、グループの意見をまとめてください。その後、発表してもらいます。

大学2年の彼らは今まで意識せず、相手に不愉快な思いをさせてきたことがあるかもしれません。それを今回、再体験し〝イヤな思い〟を感じてみることを目的にしたワークでした。

学生たちの感想には、「目を見て、あいづちをうってもらえると『聴いてくれている』と感じ、本当の思いを話せるのではないか」「あいづちの仕方や、相手の目を見ることなど、やはりふだんから少し気にしていかないとなかなか自然に聞いてあげられるようにはならない」「人気のあった先生方の共通点は、やはりちゃんと話を聞いてくれることだった」などとあり、聴き方によって相手に安心感を与えたり、信頼感が増すことを学んでいました。ほかにも、「自分が教師の立場であったら、また親の立場であったら、生徒や子どもの話をしっかりと聴いてあげられるようになりたい」「無関心や傲慢な聞き方をすると本当に人は傷つき信用をなくす」「生徒側と近い目線で対応してくれた先生には、いつも生徒がまわりにいた」というように、気づきが多かったようです。

人の話を聴くことは、日常誰でもしています。そして、相手の話をしっかり聴いていると思いがちですが、意外にできていないことがあるものです。教師と生徒、親と子どもの会話では、忙しいときに話しかけられて腹が立ち、ついつい無視することもあります。相手の考えの甘さや幼稚さに呆れ、相手を見下すような傲慢な態度もとります。しかし、その一回の態度で子どもたちは大人への信頼感をなくし、悩みも話さなくなることがあるとすれば、思春期の子どもたちの問題に気づけないことも当然起こってきます。

五感で感じる被災地ツアー

東北福祉大学　佐藤慶治

僕が行っている活動は、被災地を自分自身の五感で感じ、メディアなどでは知ることの出来ない〝被災地〟を、地域の方との交流などを通じて知ってもらうツアーです。

しかし、このようなツアーになるまで何回も失敗と挫折を繰り返してきました。今までこのツアーは計4回〝実施〟してきましたが、実施出来なかったものを含めると5回になります。最初に企画したツアーは、参加者が0人。実施することが出来ませんでした。

それからのミーティングはしばらく反省ばかりでした。「集客はどうやっていたのか」「ツアーの中身は果たしておもしろいのか」「本当に参加者のことを考えているものなのか」「わたしたちは、なにがしたいのか」原点に戻り、もう一度全て作りなおしました。

SNSに頼りっぱなしだった集客は自らの足を使うようにし、対象となる大学生が集まるイベントに参加し告知するようにしました。ツアーの中身は第三者視点から見て「参加したい！」と思うようなものを突き詰めました。結果、参加者が集まるようになり、実施に至った4回のツアーで合計約100人の学生の五感を刺激することが出来ました。

想いを形にするのはとても難しいですが、一人ではなく、誰かと想いを共有することで達成出来るのだなと、活動を通じ、身をもってわかりました。

4 大人は子どもの能力を引き出す支援者であれ

さまざまな子育て法・教育指導法

保護者や教師の子どもたちへの対応は、千差万別です。人それぞれの個性を活かして、子どもたちに接しています。そして、子どもたちはいろんな人や指導者に出会って、柔軟な発想を獲得し、逞しく育っていくものです。そこで、大人は子どもの成長の邪魔をしたり、萎縮させてしまうような指導だけは、避けなければなりません。

保護者の子育てや教師の指導スタイルを大きく区分すると、次ページの「父性と母性のベクトル図」のようになるでしょうか。縦軸は母性で、子どもに温かいほど上に位置します。横軸は父性で右に寄るほど厳しさを増していく図になっています。

どの子育てや指導が良い悪いとは一概に言えませんが、「過保護型」（溺愛型）は昨今、〝引きこもり〟や〝ニート〟の諸問題とからめて危険性が報道されることも多くなりました。「放任型」も〝非行〟の始まる要因として、高いリスクがあることが指摘されています。また、放火や親族殺人などの重大事件が発生すると、背後に「過支配型」の親子関係があるという厳しい報告がされることもあります。

ただ、「過保護型」の子どもたちが他人に優しく接する心を持ち、感情の安定した大人に成長したり、「放任型」の子は自立が早く、自分で社会の荒波にチャレンジしていく精神を獲得したりすることもあります。「過支配型」で厳しく野球やゴルフなどを鍛えられ、スポーツ界で活躍する選手もいることは周知の通りです。

しかし同時に、母性と父性が極端に偏っている子育てには、さまざまな危険性があると認識しておきましょう。この母性と父性とは、

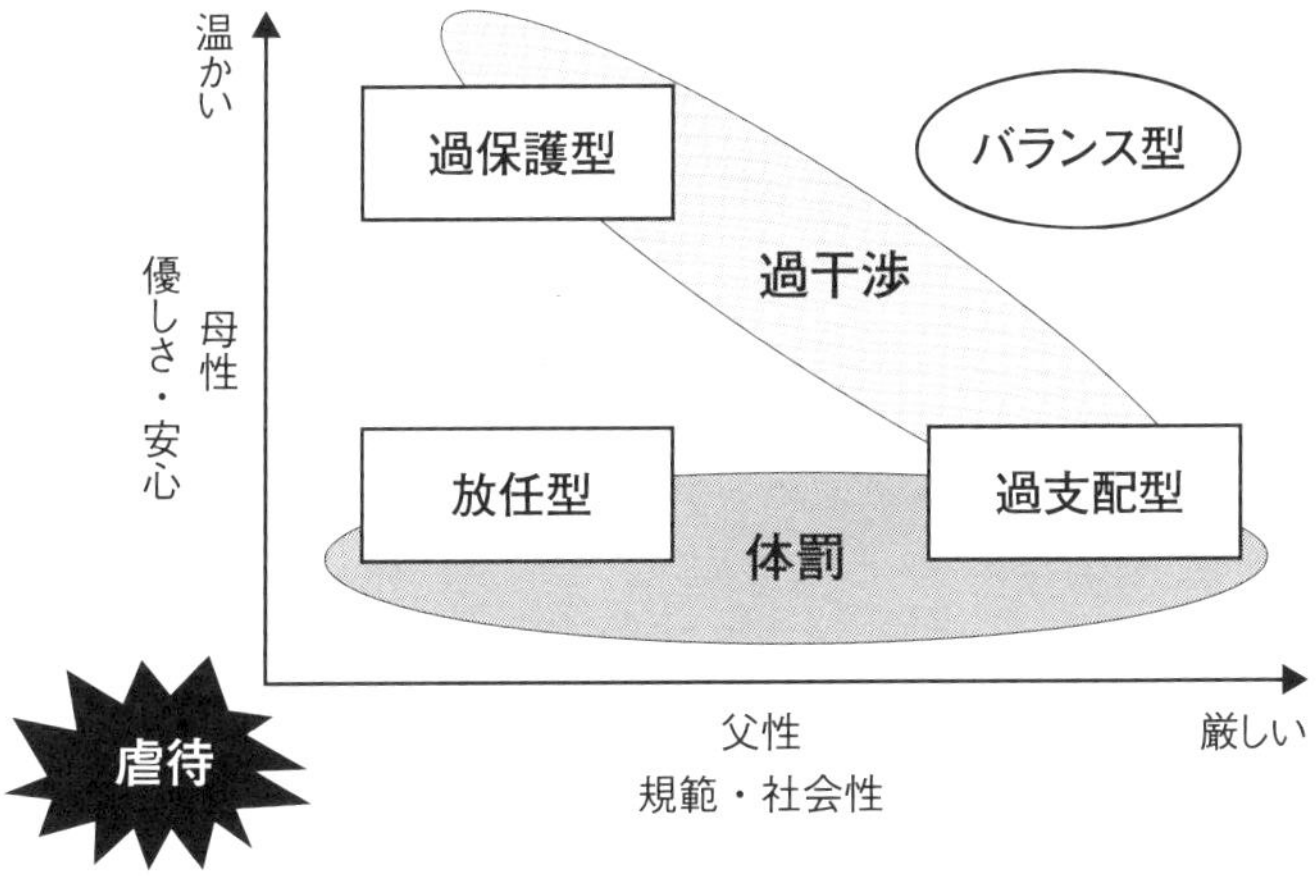

父性と母性のベクトル図

単純に母親と父親がそろっているという意味ではありません。家庭や地域または学校で、母性と父性がバランス良く発揮されればいいのです。母親が父性を担い、祖母が母性を担ってもいいのです。

もちろん父性も母性も皆無の「虐待」や「体罰」、子どもの自立の機会を削ぐ「過干渉」などは、絶対許してはいけない子育て・指導法であるという共通認識を、大人は持ちたいものです。

心のエンジンとブレーキ

子どもは、放っておいて自然に伸びていくものではありません。家庭、地域や学校で膨大な知識を学び、さらに、家族内でのルールや地域でのしきたり、社会的規範など、集団で生きていく術も身につけて大人になっていくのです。その社会に適応し、生きる力を身につけていく流れを、千葉大学の保坂亨教授は、精神分析学者のフロイトが唱えた、イド（エス）・自我・超自我の説を使って、わかりやすく説明しています。保坂先生の講演報告書をまとめると、次のようになります。

フロイトは、心を3つに分けて説明しています。1つは「イド」や「エス」ですが、これは人間のエネルギーの源泉とも言うべき本能的な欲求を意味し、「自我」はイドと環境を調整しながら行動を決定する役割を果たす、いわば現実判断能力です。「超自我」は文化・社会に特有なマナーやルールをも含めた道徳や規範意識とも言うべきものです。「イド(エス)」というのは、車で言うとエンジンです。それに対して「超自我」はブレーキで、「自我」はハンドルです。

参考〔〔講演〕「現代日本社会における『子ども』から『大人』への移行:子ども・若者の発達支援」『平成24年度子ども・若者育成支援のための地域連携推進事業(中央研修会・ブロック研修会)報告書』内閣府政策統括官〕

大人というのは、超自我が身についているものです。やってはいけないことと、やっても良いことの区別がつき、その上で状況に応じて自分で判断できる自我の力が養われています。子どもの超自我形成には、ダメなものはダメと言われたときに〝我慢〟することが必要ですが、今の子どもたちは、我慢する機会が少なくなっています。保坂先生は「我慢している子はしつけが良い場合が多く、我慢していない場合は、しつけをされてない場合が多いと思います。社会や大人たちが、子どもに我慢をしいていないのです。この原点である我慢することから相当ばらつきがあるので、今のこどもたちの『超自我』形成は大丈夫だろうかと思うのです」と語っています（前掲報告書）。ブレーキ（超自我）を教えることによって自我は育ちます。超自我がしっかりしないと本能のままに行動し、子どもたちは不安定で危険です。また、超自我だけでも問題が起こります。

5年ほど前、Y君という礼儀正しく、勉強も一生懸命する高校1年生に出会いました。その彼が夏休み以降、教室に入れなくなり、保健室登校となりました。彼は「授業中にうるさくなる教室に耐えられない」「黒板を消さない日直がいると腹が立つ」「みんなゴミが散らかっていても平気なのが許せない」と教室に入るのを嫌う原因を話してくれました。その後、お母さんとも会いました。お母さんにとってY君は、理想的な子どもに育っているようで

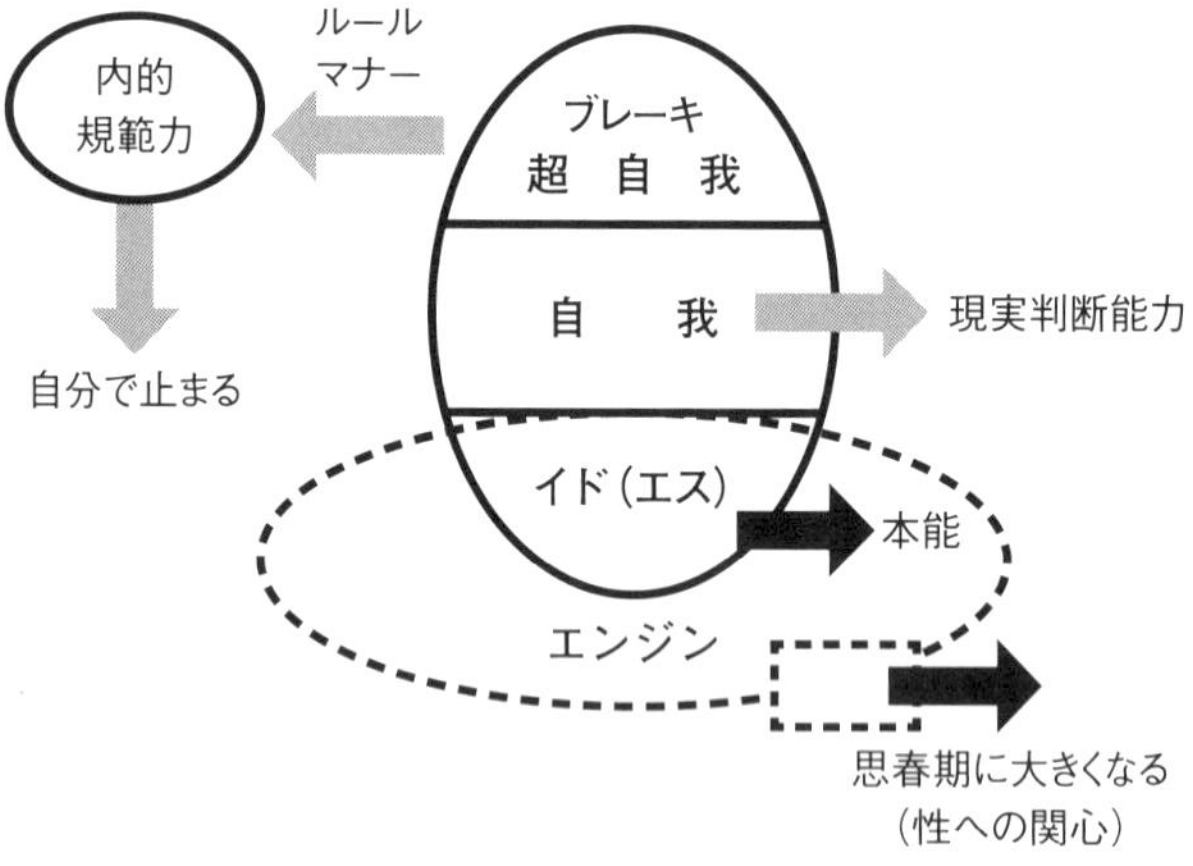

精神分析理論からみた子どもの心の理解

保坂亨「『いじめ』の背景にある思春期の心理的諸問題」より
（「いじめ対策等生徒指導研修会」東京ベイ幕張、2013年6月14日）

した。「言うことに逆らったことは一度もなく、はいはいと聞き入れてくれます」「忙しい私のためにいろいろやってくれます」「あんないい子なのになぜ、こんなことになったのでしょう」と話していました。その後も1年以上、相談にのりました。その中でY君は、母に言われたことが絶対であったこと、その母を尊敬しているが、逃げ出したいと思うことも最近たびたびあることを話すようになりました。母の言うことを幼児の頃から守り、超自我が発達し、自分で判断し柔軟に対応するという自我が育っていなかったと考えられる事例でした。その後、お母さんとも話し合い、Y君は祖母の家から学校に通うようになりました。高校3年になるとき、転校しましたが、現在は大学に通って元気であるということです。

このように、超自我ばかりでは、ブレーキが効きすぎて動くことができなくなる場合もあります。本能のままにエンジンを吹かせば危険です。そのハンドルこそ、自我なのです。保護者や教師が子どもの心理発達の過程を学んでおくことは、子どもたちに自我すなわち現実判断能力を身につけさせることに役立ちます。

3歳～7歳でしつける

3歳から7歳の子どもたちは、「これは何?」「あれは何?」としつこく大人に質問を浴びせ、身のまわりのものに興味を示す〝なになに期〟から、「どうしてなの？」「なぜいけないの？」「なぜお母さんは怒っているの？」という学習意欲が旺盛な〝なぜなぜ期〟へと育っていきます。この時期の特徴をしっかりと踏まえ、子どもたちに〝しつけ〟をしなければいけません。また、子どもは大人が想像もできない行動をするものです。目を離してはいけません。

私の5～6歳の頃の話です。油と水は反発しあうと聞き、試したくなりました。そこで母が天ぷらを揚げているとき、後ろから鍋の中に水を垂らしてみました。バァバァバァという凄まじい音響とともに、鍋の油に引火して大変な状況を引き起こしてしまいました。母は火の始末をしてから、夕食の準備を止めて静かな口調で、「なぜ、こんなことをしたのか？」と語り始めました。「ごめんなさい、ごめんなさい」と謝る私に、「ごめんなさいではなくて、何が悪かったのかを話しなさい」と、説明を求めるのです。このなかなか許してくれない母の毅然とした態度に、幼いながらも「二度とこんなことはしない」と思いました。

幼児のいたずらに対して、〝叱る〟〝しつけ〟をするとは、こういうことなのだと今ならわかります。叱る裏には必ず、次回から絶対繰り返さないという学習をさせることが必要なのです。そう考えると、大人の叱り方として、少なくとも次の5点は意識しておきたいものです。

1　その場で（鉄は熱いうちに打て）

2　毅然とした態度で（相手の目を見て、言葉と態度を一致させる）
3　客観的事実を指し示し（目に見える形にする）
4　許されないことであると（何が悪いかを明確に）
5　冷静に伝える（感情的にではなく、冷静な口調で）

きっと、子どもたちには大人の真剣さが伝わり、規範やルールをしっかり身につけていくきっかけになっていくことでしょう。これが、〝しつけ〟です。

だからと言って、いたずらをしたり、危険なことをした子どもの前で冷静になるのは難しいことです。罵ったり、殴ったりという行動に出やすく、これがしつけだと錯覚してしまうこともあります。しかし、しつけというのは、〝親や教師がある意図を持って子どもに語りかけ、子どもが気づき、理解することによって行動が変わり、成長すること〟を目指しています。恐怖感を与えたり、その場だけの反省に終わってしまうような叱り方は見直す必要があります。

もちろん、厳しい指導・しつけが必要なときもありますが、体罰・虐待と取り違えてはいけません。

体罰・虐待はなぜ起こるのか?

体罰や虐待で事故が起こったとき、加害者が「指導の一貫としてやりました」「しつけのつもりでした」と釈明する言葉をよく聞きます。しかし、これは明らかに幼稚で理性を持たない人の発言だと思います。なぜなら、〝指導・しつけ〟と〝体罰・虐待〟の両者には、左のように大きな差が存在するのですから。

〈指導・しつけ〉

1 相手を大切にする。
2 相手を危険から守る。
3 相手の感情も重視。
4 将来のことを考える。
5 本人の役に立つ。
6 社会性を教える。

〈体罰・虐待〉

1 自分を大切にする。
2 相手を支配する。
3 自分の感情を優先。
4「今、ここで」の結果を重視。
5 自分の名誉のため。
6 萎縮させて従わせる。

〝指導・しつけ〟は相手のため、〝体罰・虐待〟は自分本位の行いです。正反対の行為であるにも関わらず、混同されるのはなぜなのでしょう。

かつて、S君という生徒がいました。彼は、父親から殴られたり、バットを持って脅されたりという厳しい家庭環境で育ちました。高校3年の頃は家出をし、友達の家を転々としながらも、何とか卒業にこぎつけました。その彼が、卒業後すぐ結婚して家庭を持ちました。私の家に挨拶にやってきて「幸せな家庭を作るんだ」「子どもができたら、可愛がるんだ」「僕のようなつらい思いはさせない」などと語る若い夫婦を祝福しました。そして5年後、2人の子どもと家族でやってきました。子どもとの接し方を見ていると話に聞いていた彼のお父さんと同じです。子どもに罵声を浴びせる姿に、このように支配的暴力は連鎖していくのだと実感しました。「自分がつらい思いをしたから、子どもには同じ思いをさせたくない」と言い切ったS君なのにと思いながら、考え込んでしまいました。誰にとっても、子どもとの接し方の見本は父母ですから、支配的暴力が連鎖したり、伝染したりするのは当たり前です。S君も父親と同じようにしか、自分の子どもと接することができなかったのです。虐待や体罰にも同じことが言えるのかもしれません。

40年近く中学校・高校で教師を続けてきて、「先生、厳しく叱ってください」「うちの子は殴ってもいいですから、どんどん鍛えてください」「殴らないとうちの子はわかりませんから」という言葉を何度聞いたことでしょう。自分の子どもを殴ってもいいという親には、２通りあります。家庭でも殴ってしつけている場合と、家庭で親の権限がなくなっているので学校に指導をしてほしいという思いからです。過支配と放任の姿勢です。このような養育態度では、子どもが健全に育つわけがありません。殴れば子どもがしつけられるという親の誤った認識が体罰を容認してしまう土壌となっています。

学校で体罰が発覚し、当該教師が指導されると、必ずと言っていいほど、保護者や卒業生から嘆願書や電話での抗議などがあります。その言い分は、「学校中で一番熱心で面倒見の良い先生である」「休みも返上し、子どもたちのために尽くしてくれている」「親も子どもも感謝している」「熱心さの余り、手が出たのであって、咎め立てするのは筋が違っている」というような内容です。ただ、被害を受けて閉じこもってしまった子、転校を決意し、つらい思いをしている子やその親への配慮は見られません。

このように体罰容認の考えが保護者や卒業生に、さらにわが国の風土として深く染みついていることをつくづくと実感します。体罰による外傷が原因で死に至ったり、精神的に追い詰められて自殺したりする事態にまで発展することもあるのに、その根絶は何と難しいことでしょう。学校やクラブ活動で体罰を経験したり見聞きしたりしていることが、体罰を受け入れやすい環境を作っているのだと言えます。

また、幼児の頃からいろいろと、親は子どもに習いごとをさせたり、学習をさせたりして、子どものためにより良い教育環境を整えようと努力します。親として自然に起こる感情であり、賞賛される行動です。子どもたちもさまざまな体験をし、自分の一番やりたいことと出合う、非常に大切な機会になっているのは、間違いありません。しかし、親と子どもは同じことに興味を持つとは限らず、齟齬が起こることもしばしばあります。

以前、中学に入学してきたT君が5月頃から不登校気味になりました。彼は「学校にくると刑務所にいるみたいで、息が自由にできない」と訴えました。よく聞いてみると、「小学校の頃から習いごととして水泳・ピアノ・英語・塾に通い、学校でも家庭でも、自分の時間がないのだ」と泣きながら語りました。そこで、両親と話し合いを何度も持ったところ、離島の里親に預け、伸び伸びと育てたほうが良いということになり、中学2年から転校しました。6年後、彼はアメリカの大学に進学し、逞しく育ったという報告を母親から受けました。両親が子どものために良かれと考えてしていたことが、子どもには大きな負担だったのだと気づき行動した結果、彼は救われたのです。

この事例のようなことが、全国でたくさん起こっているのかもしれません。過干渉になり、何でも子どもの行動に口を挟む親。自分の夢や希望を叶えようとマンガ『巨人の星』の父・一徹のように子どもを鍛える過支配型。これらの親や教師の積極的な行動は、虐待や体罰という現象まで引き起こす可能性があります。

父親と同じように厳しくわが子に接してしまうS君や、離島に避難しなくてはならなくなったT君を生む背景には、何が隠されているのでしょうか。教師として相談にのることも多かった私は、次のように考えています。

保護者は、

1 自分が成功したように子どもにもがんばってほしい。
2 自分が果たせなかった夢を子どもに実現してほしい。
3 さまざまな情報から考えると、これがこの子が幸せになるために必要な訓練である。
4 自分の子どもは、自分のものであり、他人にとやかく言われる筋合いはない。
5 自分の活動の邪魔をする子どもが憎らしい。

と考え、教師は、

1 いい成果を上げたり試合に勝ったりして、先輩や同僚、上司から認められたい。
2 自分の学生時代に受けた指導が、一番いい指導であったと思い込む。
3 緊張して直立不動の子どもたちに、自分が尊敬されていると錯覚する。
4 厳しい先生として、他人からも注目されることに快感を覚える。
5 自分が厳しくしないと、この子は何もできない人間になってしまうと考える。

という誤った認識があるのではないでしょうか。

体罰や虐待の連鎖を食い止めるには、まず間違った認識を改める必要があります。家庭でも学校でも、子どもとの今までの対応を振り返り、子ども本位に考えてみてください。そして、小さなことからでもよいので行動を起こしていきましょう。例えば、怒りなどをすぐにぶつけず、ひと呼吸おいて子どもに接していく。そういった小さなことの積み重ねが、将来を担う子どもたちを傷つけずに、支援することにつながるのです。

子どもの体と心を傷つける大人たち

最近の脳科学の調査では、体罰や虐待が脳に大きなダメージを及ぼすことが立証されています。福井大学子どものこころの発達研究センターの友田明美教授は、虐待を受けた子どもの脳波異常を指摘しています（『新版いやされない傷』診断と治療社、２０１２年）。

１０４名（平均年齢13歳）の患者の54％に脳波の異常がみられたが、これは虐待の既往をもたない患者の27％に比べて、かなり高頻度に異常が認められたこれはアメリカの児童精神科に入院している子どもについてですが、日本の調査でも、次のような結果が出ています。

被虐待児群の半数に近い46％の子どもに脳波異常（中略）がはっきりと認められ、対照群の13％と比べて際立っていた

友田教授はさらに体罰にも言及しています。

子どものとき、長期に体罰を受けた人の脳は、萎縮します。感情や意欲にかかわる前頭葉の一部が最大で約19％、集中力や注意力にかかわる前帯状回が16・9％、認知機能にかかわる前頭前野背外側部が14・5％ほど、体罰を受けない人より小さくなっていました。

（『しんぶん赤旗』２０１３年2月15日、スポーツ「体罰暴力を問う⑥」）

『新版いやされない傷』によると、「前頭葉前半部は、思考、自発性（やる気）、感情、性格、理性などの中心である」のですが、虐待によってそれらが育たなくなるのです。つまり、暴力を振るわれると豊かな感情が形成されず、考える力ややる気なども育たないと言えるでしょう。

脳科学研究からの指摘は、有無をいわせぬ説得力があります。しかし、スポーツの世界では依然、体罰容認論が横行しています。それは、子どもたちに厳しく対応することで、チームの一体感や集中力が得られ、勝利に導けるという信仰があるからです。また、指導者にとっては、実際に勝利に結びついた経験もあることや他チームの練習をみることで、さらに厳しさがエスカレートしていくという悪循環に陥りやすいのです。

スポーツは本来楽しいはずです。ところが、指導者から、人格まで否定されるような罵詈雑言や一方的な暴力を受けて、子どもたちは悩み、クラブを去っていく者も多くいます。中には、転校するというリスクを負う子もいます。好きだったスポーツまで嫌いになってしまうことは本当に残念に思います。また、クラブをやめたい、転校したいという子どもと話していると、そこには先輩からの一方的な圧力、同級生からのいじめなどが発生していることもあり、複雑な問題に発展していることが多々あります。指導者が暴力を振るうことで、クラブの中はいびつにゆがんでくるのです。

早稲田大学の菅野純教授は著書の『武道』（日本武道館、2001年）において、いじめが発生しやすい状況として、次の7点を指摘しています。それはまさに体罰が起きている状況です。体罰から生まれるいじめもあり、両者は密接に関わっていると言えます。

○暴力モデルが常に示される
○厳し過ぎたり、窮屈な雰囲気である
○何をしたらよいか、してはならないかの基準が明瞭《めいりょう》でない
○競争関係が厳しすぎる
○子どもの心が愛情飢餓状態になっている
○一部の子のみが認められたり評価されたりする
○生活が単調で変化がない

以上のように、体罰を行ったり、罵声を浴びせたりする指導法では、子どもたちの体と心に多くの弊害をもたらし、将来生きていく上での力に結びつかないことは明白です。教師や指導者、そして親は、相手の人格や性格も尊重して、子どもたちに真剣に向き合っていかなくてはなりません。

人は体罰では育たない

殴ってうまくなるなら誰もがプロ選手になれます。私は、体罰を受けなかった高校時代

に一番成長しました。「愛情の表れなら殴ってもよい」と言う人もいますが、私自身は体罰に愛を感じたことは一度もありません。

（『朝日新聞』２０１３年1月12日）

この桑田真澄氏（元プロ野球投手）の発言は、大きな波紋を起こしました。大阪市の橋下徹市長はそれまで、「体罰容認ともとれる発言をしていたが、『考え方を改めないといけない。反省している』」（『サンケイスポーツ』２０１３年1月13日）と前言を撤回し、大阪市立桜宮高等学校バスケットボール部主将の自殺問題に対し、行政側のトップとして謝罪しました。

また、なでしこジャパンを世界一に導いた佐々木則夫監督の発言には、スポーツ選手の才能を引き出すための細やかな配慮を感じます。『朝日新聞』の記事（きょういくトーク埼玉「人を育むとは　なでしこジャパン・佐々木則夫監督（54）に聞く㊤・㊦」２０１３年2月19日・26日）によると、佐々木監督が女子チームの監督になった当初は、指示待ち選手が多かったそうです。そしてあるときから教えることをやめ、選手の自主性を重んじた指導方法に切り替え、大きな成果を上げました。記事からは、指導者に必要な力とコミュニケーションのとり方のコツが見えてきます。私なりにまとめると次の通りです。

○指導者に必要なのは、選手一人ひとりをしっかりと見る力。
○見ているよというメッセージを本人に送るタイミングを誤らない。
○大人数に目配りするのは難しいが、尺度を示し、なるべくぶれずに知らせる。
○上から目線にならない。監督や先生というだけで、選手や生徒は一目置くことになる。さらに、壁を高くしてしまったら、コミュニケーションが取りにくくなる。
○時には謝る。指導者が絶対に間違わないとは言えない。常に反省し、修正しなければならない。正直に非を認めることで、信頼度は増す。
○褒め言葉と改善点の指摘は2対1の割合になるように。
○ネガティブな言葉は使わない。
○選手たちの反応を見ながら指導方法を柔軟に変化させていく。
○指導法はもちろん、選手の状況や教育的な風土を常に学ぶ。
○目の前にいる選手や生徒の意識は昔とは違うことを認識する。
○個々の資質やタイプをじっくり見つめながら、適切な方向付けをして導いていく。
○指導者も内向きになるのではなく、外に目を向ける。

一流の選手や監督の言には、納得させられる真実が籠っています。指導者が体罰をすることと、一流のアスリートを育てることは真逆の行為であると、認識してください。

体罰は許されないことですが、指導する中である種の厳格さが必要なときもあると、私は思っています。歌舞伎や能、狂言など日本の古典芸能の世界では、型を体で身につけるために幼少期から厳しい稽古を繰り返します。スポーツの世界でも、涙の出るような努力をして基礎や基本を体で覚えるものです。そして、監督の指導の下に実践して基本を体得した生徒たちは、試合に出ても自分なりにアレンジして動ける力を持っているはずです。その力を信じて生徒たちを試合に送りだし、見守るのが、指導者の役目なのではないでしょうか。

大阪での事件以後、クラブ活動の指導のあり方を見直した学校がありました。その学校の、あるクラブは全国大会の常連でしたが、全国優勝には手が届かずにいました。ところが、指導法を変えたところ、その年に全国優勝を果たしたのです。生徒に話を聞く機会があり、指導法がどう変わったのかを聞いてみました。すると、監督は今まで叱ったり、命令口調だったりしたのが、その年からは叱った後に「なぜ叱られているか、わかるか?」と問いかけ、生徒たちに考えさせるようになったそうです。このクラブの子どもたちは、これまで厳しく基礎を叩き込まれてきたため、強豪ではあるものの、叱られることを恐れて萎縮し、力を発揮できずにいたのではないかと思います。考えさせる指導に変わったことでのびのびと試合に臨み、優勝を勝ち取ったのでしょう。

厳しい指導をしているときに、教師や親は思わず手を上げそうになることがあるかもしれません。そのとき「今、誰のために殴ろうとしているのか？」と自らに問うてください。教えても上達しない生徒やいくら言ってもわからないわが子に苛立って、殴ろうとはしていませんか？　怒りにまかせた暴力に、子どもへの愛はありません。教師や親は、自分が感情的になっているかどうかを冷静に見極める第三の目がつねに必要なのです。

スポーツにおけるソーシャルサポートの効果

体罰には、p.107「子どもの体と心を傷つける大人たち」で触れたような弊害があることは疑う余地はありません。では、どうして体罰がなくならないのでしょう。桑田氏は体罰を生む背景について、次のように分析しています。

「チームが勝ちたい」「自分が勝ちたい」という勝利至上主義の影響は大きいと思います。そこに「精神の鍛錬」と称して「絶対服従」の人間関係を持ち込む。例えば、指導者は優勝しないと周りに対しての示しがつかないとか、先輩選手であればチーム内で自分がレギュラーになるために後輩をつぶしていかないと自分がレギュラーになれないとか。勝利至上主義になってしまっているということですね。

（桑田真澄・平田竹男『新・野球を学問する』新潮文庫、２０１３年）

もちろん、スポーツをする人が誰でも勝ちたいと思うのは当然です。勝つために苦しい練習にも耐えられるのです。しかし、厳しいだけの指導で勝利を収めるには限界があります。今、コーチ・選手の信頼関係とコミュニケーションを大事にした指導が求められています。

ここで、最新のスポーツ指導の研究レポートを紹介しておきます。スポーツをする中でのソーシャルサポートをテーマにしており、その概要と、コミュニケーションとの関係についてまとめられています。佐々木監督の実践のように、コミュニケーションがうまくとれていると、選手は自ら考え、気づき、伸びていくものですが、そのコミュニケーションには、周囲の人との相互的なサポートが影響するようです。私はこのレポートを読み、試合で勝つための一つの方法として、ソーシャルサポートは効果があるだろうと思いました。

執筆した萩原悟一氏は、上下関係と規律で有名な防衛大学校卒業後、アメリカのアーカンソー州立大学大学院でスポーツ経営管理学を学びました。日本に戻ってからは九州工業大学大学院でスポーツ選手育成の研究を行い、現在は日本経済大学で教えています。

スポーツにおけるソーシャルサポートと競技者の関連について

日本経済大学 経済学部健康スポーツ経営学科 専任講師　萩原悟一

近年、スポーツにおいて、選手間のコミュニケーションを評価する方法として、ソーシャルサポートが注目されています。ソーシャルサポートは、〝個人を取り巻くさまざまな他者や集団から提供される心理的・実体的な援助〟と定義されており、手段的サポートと情緒的サポートの2つのサポート機能に大別することができるとされています。手段的サポートとは、問題解決に必要な情報の提供やアドバイス、金銭的支援や手伝い・補助などの直接的な支援行動のことを指し、情緒的サポートとは、自己価値が高まるような実践行動に対しての激励や賞賛のことを指すものです。

競技スポーツにおいては、クラブやチームなどに所属して活動することが多く、チームメイトなどからの共感的な理解や援助などのソーシャルサポートの授受が存在する可能性が考えられ、チームメイトから受けるサポート、およびチームメイトに与えるサポートを評価することで、チーム内のコミュニケーションの測定が試みられています。ある研究者たちは〝競技スポーツ実施の際、チームメイトや仲間から得られる、またはチームメイトや仲間に与える援助〟を評価するためのソーシャルサポートの授受に着目した尺度を開発し、チームメイトとのコミュニケーションを評価する要因との相関関係も確認しています。すなわち、〝チームメイトが落ち込んでいるとき、元気づけている、チームメイトが自分のことを元気づけてくれる〟、〝問題解決のために、チームメイトにアドバイスをしている、チームメイトが自分にアドバイスをくれる〟などのソーシャルサポートの授受がチーム内でのコミュニケーションに影響を与えていることが示されているのです。

また、ソーシャルサポートの授受が、競技者としての意識を高め、そして、スポーツへの傾倒に影響を与えていることも明らかにされており、ソーシャルサポートが競技スポーツに打ち込むための要因として考えられています。

［参考］
「ソーシャル・サポート研究の動向と今後の課題」久田満（『看護研究 Vol.20, No.2』医学書院、1987年）
「高齢者のソーシャルサポート：その概念と測定」野口裕二（『社会老年学 No.34』東京都健康長寿医療センター研究所、1991年）
「スポーツチームにおけるソーシャルサポート提供・受領尺度作成の試み」萩原悟一・磯貝浩

久（『スポーツ産業学研究 Vol.24, No.1』スポーツ産業学会、２０１４年）
「スポーツ・コミットメントの形成に関する競技者アイデンティティーとソーシャルサポートの検討」萩原悟一・磯貝浩久（『スポーツ産業学研究、Vol.23, No.2』スポーツ産業学会、２０１３年）

一人ひとりを大切にするとは

目の前にいる子どもたちは、実にさまざまな個性を持っています。学習効果を上げるため、個々の特色を見極めた指導が教師やコーチ、親には必要になってきます。

マラソン界で多くの女性アスリートを育てた小出義雄監督は、千葉県にある自身の出身高校のインタビューに答えて次のような興味あるコメントをしています。

有森裕子は「これやれ」「あれやれ」と言うと、反発してくる選手だった。彼女が気持ちよく、そして目が輝くように指導法を変えた。遅かった彼女に夢と希望を持たせるようにした。鈴木博美はすごく頑固だった。走ることには素質があるのにどうしたらいいかなと、私も悩んだことがある。彼女はやる気を失っていた時期もあった。そこで、私はお友達として「これやれ」ではなく、「どっちにするか」と相談をもちかけることにした。すると、彼女も素直になって記録がよくなっていった。高橋尚子は、「ハイ」「ハイ」と素直に答える選手だ。いわゆる先生と生徒の関係みたいなものだ。彼女に「がんばれ」といったことがない。がんばっている選手には「いいね」とか誉めるだけでよい。

（『産業と教育』産業教育振興中央会、２００２年2月号）

これこそ名人の言です。オリンピックや世界陸上競技選手権でメダルを獲得したあの女性アスリートたちに対し、小出監督はそれぞれの性格を見極めた上での〝個性重視〟の指導をしていたのです。

有森裕子選手は、バルセロナオリンピックで銀メダル、アトランタオリンピックで銅メダルの快挙を成し遂げました。アトランタオリンピックのインタビューでは「初めて自分で自分をほめたいと思います」という名台詞を残しています。普通なら「監督のおかげです」とか「皆さんの声援のおかげです」などと言うところなのにと不思議に思っていましたが、反発する選手に小出監督は、自分の夢に向かって自分で努力する場を設定し、その結果のメダルだったのだといたく納得しました。

また鈴木博美選手は、陸上競技での天才的な少女だったようです。このように天賦の才能を持っている選手に小出監督は、友達のように付き合ったと言います。メンタリング（メンター＝良き助言者）とかコーチングなどと言われるような距離のとり方なのでしょう。相手の力をうまく引き出し、世界陸上競技選手権アテネ大会で金メダルを獲得させたのです。

素直な高橋尚子選手には、〝ほめる〟というキーワードです。先生の言った通りに練習するのだから教師や監督の手腕が問われます。子どもたちのほとんどは、高橋選手のように素直です。親や教師の接し方次第で伸び方が変わるとすれば、責任重大です。小出監督は〝ほめて〟その気にさせ、シドニーオリンピックで金メダルに輝かせ、その後の活躍も素晴らしかったのは記憶に残るところです。

これこそ、教育の極意という気もします。反発する生徒には夢を持たせ、頑固な生徒には友達として話し相手となる。そして、素直な子には、いいところを見つけてほめてあげる。指導者は自分の考えを押し付けたり、枠を作ったりせず、このように個々が持ついいものを引き出すことが、今求められている教育なのではないでしょうか。それが、子どもたちが自立する力を育て、生き抜く力につながるのです。

第2部 ● こんな授業が「動ける子」を育てる

1

私が取り組んできたこと

国際社会が求める学力とは

２００７年12月4日、日本記者クラブでＯＥＣＤ（経済協力開発機構）事務総長アンヘル・グリア氏が「生徒の学習到達度調査（ＰＩＳＡ）」の２００６年の結果を発表しました。国際社会での日本の子どもたちの学力に触れたスピーチで、弱いと指摘した要点は次の6項目です。

1　知識を応用する力
2　将来職業についたときに必要なスキル
3　文章情報を取得し、処理し、統合し、評価すること
4　科学を学ぼうという動機づけ
5　環境問題についての意識

6　科学関連活動への女子の参加率

日本の子どもたちは、知識の応用力、働くためのスキル、情報化時代への対応力、科学の必要性の認識、環境問題への危機感、女子への科学の教育が弱いと言うのです。どれも思い当たることがある項目です。

市場原理主義、格差社会、国際化時代など、子どもたちを取り巻く環境は、大きく変わってきました。また、２０１１年の東日本大震災では、マニュアルや地震に対する知識を持っているだけでは、自分の身を守ることにはならなかったという事実を突きつけられました。今まで持っていた価値観が大きく揺さぶられたのです。想定外の災難に遭ったとき、その場で判断し、迅速に決断する力が何より求められたという多くの報告は衝撃的でした。教育の場でも、知識を与え、学力をつけ、有名大学に進学させればこと足れりという時代ではなくなったのは明白です。そのような中、個々がそれぞれに輝く人生を送るために、教育現場での支援の方法だけではなく、家庭でも、将来子どもたちにどんな力が必要なのか、真剣に考える局面を迎えていると思います。

社団法人日本経済団体連合会の『産業界の求める人材像と大学教育への期待に関するアンケート結果』（２０１１年１月）の中で、「グローバルに活躍する日本人人材に求められる素質、知識・能力」についての回答は、1位が「既成概念に捉われず、チャレンジ精神を持ち続けること、2位は「外国語によるコミュニケーション能力（語学力に加え、相手の意見を聴いた上で、自分の意見を論理的にわかり易く説明する能力）」、3位に「海外との文化、価値観の差に興味・関心を持ち、柔軟に対応する」力が挙げられていました。

これらの力を子どもたちが身につけるため、教育現場からもさまざまな実践が報告され始めています。グループワーク、グループディスカッション、プロジェクト・ベース学習、アクティブラーニング、対話型授業、ピースフルスクールなど、それぞれ、まわりの意見をしっかりと聴き、そして自分の意見も論理的に表現する力が求められる教育実践です。第2部では、これらの中から私がとくに、子どもたちの成長が期待できると考える授業を紹介していきます。保護者の皆さんには**【家庭での応用】**という欄を設けましたので、ヒントにしてください。

まず、私が子どもたちと取り組んだ授業を取り上げます。それは、長年教師を続けてきた中で、1990年前後から、子どもや親たちの変化を感じ始めたことが発端でした。男子校に勤めていた私は、子どもたちが非常に素直になり、何ごとも受身になってきていると捉えていました。また、母親たちはそれぞれに社会で活躍し、従来の家庭的な〝お母さん〟というイメージから、自分のやりたいことをしっかりと持っているキャリアウーマン的な女性に変化してきたように見えました。どちらも歓迎すべきことともいえますが、私には、今まで家庭や地域で担われてきた役割を学校も背負わないと、将来、国際社会の中へ積極的に踏み出していく力が子どもに身につかないのではないかと思われたのです。この危機感を持って、子どもたちが自分自身をしっかり見つめた上で自分も他人も大切に思う気持ちや、積極的に行動する力を養おうと取り組んだ授業実践です。

「ジグソー法授業」で主体性を発掘する

子どもたちが授業を受動的態度で聞き、ノートをとり、試験に臨んで、その結果に一喜一憂している流れに、私は何となく違和感を感じていました。そんなとき、ちょうど明治大学付属明治中学校・高等学校の松田孝志教諭に出会い「ジグソー法授業」を教わりました。その授業には、子どもたちが主体的に授業に参加しないと進まない仕掛けがあります。

ジグソーパズルという玩具があります。たくさんの小さなピースをはめ込んでいって、一枚の大きな絵や写真を創り上げるゲームです。これと同じように、グループごとにそれぞれのテーマを学習し、その内容を各自が理解し把握した後、グループをバラバラにして、別々のテーマを学習したメンバーで新たなグループをつくり、各自が自分の学習した内容を詳しく説明して、大きな学びにつなげていくという学習法です。具体的には、次のような流れになります。

〈ステップ1〉1時間目

授業の進め方の説明。グループの編成（36人クラスの場合、6人×6班）。調べ学習の6つのテーマを発表。各班のテーマ決定。

〈ステップ2〉2〜4時間目

各班のテーマをメンバーが協働して調査・研究し、全員が理解し、わかりやすく図解にまとめ、レジュメを作成する。

〈ステップ3〉5〜7時間目

班を解体し、各班から出された1人ずつで新たな6人グループを6班つくる。この班では、元の班で調べたことを、図解やレジュメを使って6人がそれぞれ説明する。

〈ステップ4〉8時間目

教師が補足説明をしたり、生徒の質問に答えたりする。さらに、最初のグループを再結成して、全員で振り返り（シェアリング）をする。

私も国語の授業でこの授業法を利用しました。「近代文学の作家」をテーマに行った授業は次ページのイラストのようになります。

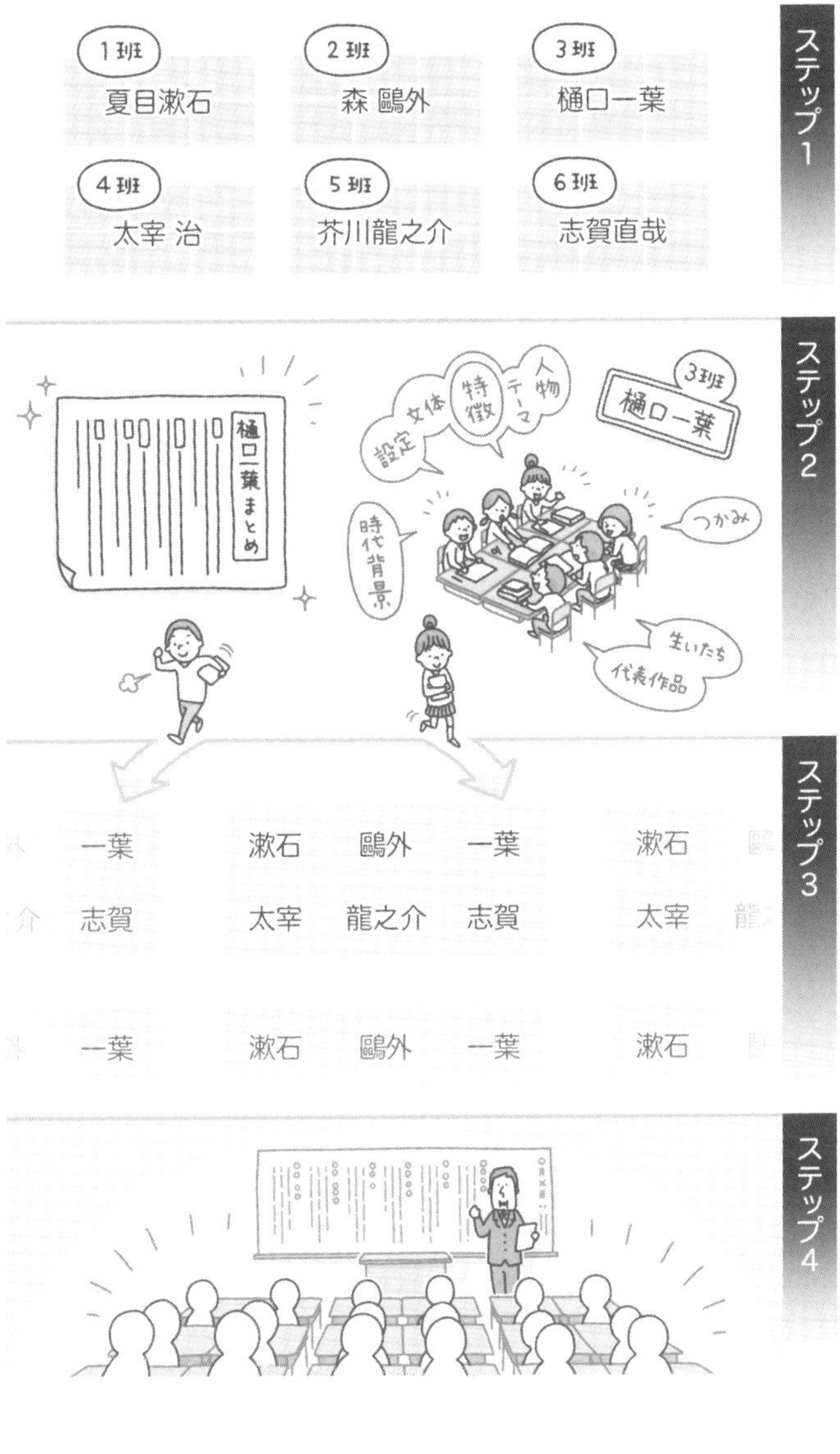
ステップ1
1班
夏目漱石
2班
森 鷗外
3班
樋口一葉
4班
太宰 治
5班
芥川龍之介
6班
志賀直哉
ステップ2
樋口一葉まとめ
設定
文体
特徴
テーマ
人物
3班
樋口一葉
時代背景
つかみ
生いたち
代表作品
ステップ3
一葉
漱石
鷗外
一葉
漱石
志賀
太宰
龍之介
志賀
太宰
一葉
漱石
鷗外
一葉
漱石
ステップ4

ジグソー法授業を開発し、実践している松田教諭は、「単に知識の習得と事象の理解だけではなく、他者との関わりの中で友達発見、対人スキルも身につけられる、欲張り授業」だと話しています。私も実践してみて、子どもたちが積極的に参加しないと授業が成り立たなくなることがよくわかりました。それは、自分一人で他の班に行き説明するという責務を任されるからです。また、休み時間や放課後なども仲間に教えてもらったり、仲間に教えたりして主体的に学ぶ場面が見られ、知識獲得にも効果の高い授業法です。仲間とともに学ぶ喜びを味わい、他の仲間に責任を持って説明することで、自己充実感、満足感も得られるようです。子どもたちが責任を果たすことや伝える力を獲得したこと、そして、やればできたという経験が、一人ひとりの自信・自尊感情を高め、今後、積極的に行動していくきっかけになるに違いないと実感しました。

【家庭での応用】

家庭で何か大きな行事や会、旅行の計画があるとき、家族全員でそれぞれの役割分担を決めます。例えば、買い物、飾り付け、進行表作成、調査などを振り分け、各自が責任を持って実行に移せば、家族の一体感が生まれ、おのおのも充足感が得られるのではないでしょうか。このとき、子どものやることが稚拙であったり、要領が悪かったりする場合もあるでしょうが、

郵　便　は　が　き

恐れ入りますが、52円切手をお貼りください

101-0051

東京都千代田区
神田神保町 1-11

晶 文 社 行

◇購入申込書◇

ご注文がある場合にのみご記入下さい。

■お近くの書店にご注文下さい。
■お近くに書店がない場合は、この申込書にて直接小社へお申込み下さい。
送料は代金引き換えで、1500円(税込)以上のお買い上げで一回210円になります。

宅配ですので、電話番号は必ずご記入下さい。
※1500円(税込)以下の場合は、送料300円(税込)がかかります。

(書名)　¥　(　)部

(書名)　¥　(　)部

(書名)　¥　(　)部

ご氏名　㊞　TEL.

ご住所 〒

晶文社　愛読者カード

お名前《ふりがな》　（　　歳）　ご職業

ご住所　〒

Eメールアドレス

お買上げの本の
書　　名

本書に関するご感想、今後の小社出版物についてのご希望などお聞かせください。

ホームページなどでご紹介させていただく場合があります。(諾・否)

お求めの書店名		ご購読新聞名	

お求めの動機	広告を見て（新聞・雑誌名）	書評を見て（新聞・雑誌名）	書店で実物を見て / 晶文社ホームページ〃	その他

ご購読、およびアンケートのご協力ありがとうございます。今後の参考にさせていただきます。

大人は口出しをせず、子どもに任せることが大切です。もし、そのために失敗したとしても、次回への学習になるでしょうし、家族の楽しい思い出にもなるでしょう。

「ヤッター貯金」があればポジティブになれる

誰にでも「自転車に乗れた」「逆上がりができた」「プールで25m泳げた」「漢字テストで満点を取った」「負けていたバスケットの試合の最後にスリーポイントが入り逆転した」など、「ヤッター」と心の奥から感動した経験があると思います。このような感動を1970年代のテレビアニメ『タイムボカンシリーズ　ヤッターマン』に因んで「ヤッター貯金」と私は名付け、子どもたちに1個でも多くの貯金をするように推奨しています。

子どもたちには、無限の可能性がありますが、失敗したり挫折したり、苦しくて泣いたりして立ち止まってしまうこともあるでしょう。そんなとき「ヤッター貯金」の多い人ほど、前に向かって進んでいくことができます。これは、限界にぶつかったとき、積み立ててきた「ヤレバデキタ」という貯金を引き出し、ポジティブな気分になってもらうための備えです。

私は「ヤッター貯金」を授業として、子どもたちに伝えました。中学1年の2学期に実施していた授業の展開は、次の通りです。

1　何かに挑戦して苦労の末、成功して「ヤッター」と思ったことを5個以上メモする。
2　その中で一つに焦点を当て「いつ、どこで、どんな状況で、何が起こり、どんな気持ちであったか」をワークシートに書く。
3　4人グループを作り、ワークシートに書いたそれぞれの体験を語る。
4　ヤッター貯金とは何かをまとめ、今日から始める。

子どもたちは、廊下ですれ違うとき「先生、今日はヤッター貯金が3個できました」とか「実践しています。ヤッター貯金」などと積極的に話しかけてくるようになりました。また、無理だと思っていたことがやれるようになったとか、お母さんにほめられることが増えたなど、効果も目に見えるようになってきました。このヤッター貯金を多く蓄え「私は、やればできる」という思いをもって、中学校・高校、そして人生をしっかりと歩んでほしいと願っています。それが、将来挫折しそうになったり、苦難や限界にぶつかったりしたときに、困難を乗り越えていくパワーに結びつくと思うのです。

【家庭での応用】

子どものヤッター貯金を増やせるよう、家庭でも後押ししてあげましょう。そのためには、子どもをしっかり観ていることが大切です。そして、良い点を見出して、即座にほめます。ほめ上手な親を目指してください。親は、とかく子どもの将来のためにと考え、改善点を指摘しがちですが、マイナス面を言われると誰でも不快になるものです。つねに子どもに声をかけながら観察し、良い点を発見したら、遠慮しないでどんどんほめてあげてください。

適切な自己表現「アサーション」を身につける

自分の言いたいことを相手に伝えるのは、誰にとっても重要です。そして、難しいことではありますが、相手を思いやりながら自分の意思も言えるのが理想です。それができる「アサーション」というコミュニケーションの方法があります。

アサーションを学ぶために、私が中学2年生に行っていた「しずかちゃんに学ぶ」という授業を紹介します。藤子・F・不二雄氏の『ドラえもん』は、日本アニメの代表作と言えます。その登場人物は、みんな個性的で魅力的です。例えば、のび太君、ジャイアン、しずかちゃんの3人の特徴を挙げてみます。

◎のび太……引っ込み思案、卑屈、服従的、自己否定的
◎ジャイアン……強がり、尊大、支配的、他者否定的
◎しずかちゃん……正直、率直、歩み寄り、自他尊重

これを大雑把に表にしてみると、左のようになります。

	のび太	ジャイアン	しずかちゃん
自分を大切にする	×	○	○
相手（他者）を大切にする	○	×	○

この『ドラえもん』の3人を題材にし、次の「君は、どのタイプかな？」のワークシートを使って授業を進めました。

【君は、どのタイプかな？】

問●今日は、家でゆっくりしていようと思っていたところ、ジャイアン（クラスのボス的な人物）から次のようなことを言われました。あなたはどう答えますか。

「今から、いつもの空き地で、俺の歌のリサイタルをするから、すぐに来いよな！」

答●あなたの答えを左に書いてください。

（　　　　　　　　　　　　　　　　　　　）

クラスには、さまざまな個性の人物がいます。ある生徒はのび太君のようであり、ある者はジャイアン的であったりします。教室内でさまざまな葛藤が日々繰り返されています。そんな生徒たちに、この授業を通して、自分の日頃の態度を振り返るとともに、相手の立場になって考えてみる経験を与えようとした授業でした。また、アサーションを学び、将来の人間関係に役立ててもらいたいというねらいもありました。

この場面設定では、のび太君なら、次のようなやりとりになるでしょうか。

◎のび太……「(あんな下手な歌、聞きたくないな～) う～ん、用事があるから……」
◎ジャイアン……「何、来ないのか。殴るぞー」
◎のび太……「う～ん、行くよ」

ジャイアンがジャイアン的な相手と会話したらどうなるでしょう。

◎ジャイアン的……「お前の歌なんか下手で聞いていられないよ。行くわけねぇだろう」
◎ジャイアン……「ふざけんなよ! よくも俺をバカにしてくれたな。許さないぞー」

とケンカに発展してしまう可能性があります。のび太君にしろジャイアン的にしろ、後味の悪い結果に終わってしまいます。この2人に対し、しずかちゃんなら、

◎しずかちゃん……裏の勝手口から顔を出し「あら、たけしさん、誘ってくれてありがとう。でも、私今からピアノのレッスンがあるの。また誘ってね」とドアをパタンと閉める。
◎ジャイアン……「じゃあ、またね。しずかちゃん」と、口笛を吹きながら気持ちよく帰る。

となるでしょう。この違いは、なぜ起こるのでしょうか。会話の仕方にヒントが隠されているようです。しずかちゃんは、ジャイアンにお礼を言った後、自分のことをしっかり伝えています。そして、「また誘ってね」と丁寧な会話をしています。

このように会話一つで、相手の気持ちが左右されると学ぶことで、日常の各自の会話を見直してみようという展開でした。授業後の生徒たちの振り返りシートにはさまざまな感想が書かれていました。例えば、「自己主張の強い僕は、攻撃的タイプだと思う」と気づいたT君は、「対応の仕方に気をつけたい」と言います。「僕はどちらかというとのび太君型だったので、これからはしずかちゃん型になろうと思いました」と言うO君。「『断る』ってとても難しいことだと思う。自分が相手のことをよく知っている友人なら問題ないけれど、あまりよく知らない友人なら、断るのも少し大変だと思う。これは、お互いのことをよく知るのが一番大切だと思う」と断ることの難しさを考え始めたK君。「話し合いでは、みんな同じようなことを言うと思ったら、意外に違っていておもしろかったです」と、人それぞれの特徴があることを発見したN君。「普通の生活にも役立つ」と授業を評価してくれたA君など、さまざまな気づきを述べていました。

アサーションのポイントは、相手だけではなく、自分も大切にするところです。相手に合わせるのび太君の性格もジャイアンの主張の強さもそれぞれの個性です。それを否定する必要はありません。アサーション・トレーニングを日本に紹介し、その教育に大きな功績を残した平木典子先生は、人間関係の持ち方には3つのタイプがあることに着目しています。授業を通して、子どもたちが自分のタイプに気づいていったように、子どもはもちろん、親も教師もそれぞれに自分の人間関係の持ち方に気づいておけば、人との接し方に注意を払うことができます。

平木先生のまとめた表を以下に掲載しておきます。おのおののタイプを知る手がかりにしてください。

人間関係を築くことは、社会へ出て必ず大切になります。そのためには、会話で相手のことを気遣い、自分の意思をしっかり伝えるアサーションの学習は、非常に重要

非主張的	攻撃的	アサーティブ
引っ込み思案	強がり	正直
卑屈	尊大	率直
消極的	無頓着	積極的
自己否定的	他者否定的	自他尊重
依存的	操作的	自発的
他人本位	自分本位	自他調和
相手まかせ	相手に指示	自他協力
承認を期待	優越を誇る	自己選択で決める
服従的	支配的	歩み寄り
黙る	一方的に主張する	柔軟に対応する
弁解がましい	責任転嫁	自分の責任で行動
「私はOKではない、あなたはOK」	「私はOK、あなたはOKではない」	「私もOK、あなたもOK」

3つのタイプの自己表現の特徴一覧表

平木典子『改訂版　アサーション・トレーニング』（金子書房、2009年）

です。会話が不十分なために人の言いなりになって、トラブルに巻き込まれたり、ケンカに発展したりすることが、アサーションによって避けられると思います。
最近の子どもたちはコミュニケーション能力が低下しているという指摘をよく耳にします。しかし、それは系統立てて教育をしてこなかったからに過ぎません。訓練すれば身につく力なのです。

【家庭での応用】

家庭でも会話の訓練は大切です。家庭ではとくに言葉が短く、「ご飯よー」「宿題は?」「お風呂ー」などと単語だけで済ます場合もありますが、できるだけ丁寧な言葉かけを心がけましょう。子どもからの言葉も同じで、単語ではなく文で話させます。また、子どもが自分で説明すべき場面で、親がその事情を汲み取って何も言わなかったり、逆に先回りして言ってしまったりするのは、良くありません。例えば、家族で旅行に行こうと計画したのに「行かない」と子どもが言ったとき、仕方がないと思わず、しっかり自分の言葉で説明させることが大切です。「旅行の日は、学校でクラブの練習があり、それを休むわけにはいかない」「講習がある」など、子どもの口から、家族みんなにわかるように具体的に理由を話させましょう。

自分の命の尊さを学ぶ「命の授業」

かつて私が勤務していた京北中学校・高等学校には、哲学という教科がありました。哲学館大学（現東洋大学）と学祖を同じくして、「諸学の基礎は哲学にあり」を教育理念にしていることから、設置された教科です。中学3年の哲学の授業を担当したとき、10回ほどのシリーズで〝生きる〟をテーマにした「命の授業」を行いました。

生徒たちは素直でまじめな子ばかりですが、何となく自信もなくバイタリティも少ないと感じられ、悪さをして注意されると自分のことは棚に上げて、仲間に責任を押し付ける傾向が多くなってきたように見受けられました。自分だけではなく、相手も大切な人なのだということを学ばないと、自分よがりになってしまい、他人のことやクラス、さらには地域、国、地球のことに眼がいかないのではないかという危機感を抱いたことがきっかけで始めた授業でした。自分の生きている意味や価値に気づき、その上で相手も大切に思う気持ちが命を大切にすることに結びつき、ケンカやいじめなどの予防教育にもつながるという趣旨で取り組んだのです。

2006年度は「世界の平均寿命」「世界地図からものを考える」「生まれ出る奇跡」「自分の名前に託されたもの」「『マイノリティーの拳』の作者を迎えて」「イスラエルでカメラマン

をしてきた方を迎えて」などの授業が続きました。その一部を紹介します。

●「世界の平均寿命」の授業

日本の平均寿命は81・9歳と発表されました（世界保健機関、２００２年）。すごいことです。なんと日本は、世界一の長寿国です。最下位は、アフリカにあるシエラレオネという国で、34・0歳だと言うのです。また、その他のアフリカのサハラ砂漠以南の国の多くが下位に位置しています。ザンビア、レソト、スワジランド、ジンバブエ、アンゴラなどの国は、どこも平均寿命が40歳に達していません。日本とは40歳以上の差があるのです。「いったい、この差はどうして生まれたのだと思いますか」という質問を生徒にぶつけ、５つのグループに分けて、討議・発表をさせました。すると、以下のような多彩な考えが飛び出してきました。生徒たちもニュースやドキュメント番組などを見て、さまざまな情報を持っていたようです。

①食料事情（飢饉、干ばつ）、②戦争（部族間抗争）、③エイズ（知識が乏しい）、④災害（台風、地震、洪水、火山の噴火）、⑤犯罪（治安の悪化）、⑥自殺（生きる悩み）、⑦医療技術（医師不足）、⑧衛生環境（不潔、下水道の不備、伝染病）、⑨教育（学校が少ない）、⑩川や水（砂漠、泥水、井戸の不足）など。

そして、これらの考えを問題点として取り上げ、掘り下げていきます。各グループに「エイズ」「戦争」「食料不足」「衛生環境」といったテーマが振り分けられ、研究し、発表するという授業の流れでした。

子どもたちは、飢餓や戦禍で命を落とす子どもたちのニュースをテレビなどで目にしています。しかし、その悲惨な映像が日常的に流れ、当たり前のように見ていることで、その事実を見過ごしてしまう傾向があります。立ち止まって、「なぜ、世界ではこんなに亡くなる子が多いのか？」と考える習慣を身につけることが重要です。

この授業で、子どもたちは日本の国に生まれたことがいかに幸せかを実感するとともに、世界で起こっていることにも目を向ける視点を持ちはじめました。そして、グループでの研究、発表では、今まで気づかなかったことを深く掘り下げて、世界が抱えている問題を考えることができました。将来、社会に出てどんな困難にぶつかっても思考停止にならずに、まず問題に気づき、「なぜ？」と問題発生の原因を考えて、グローバルな視点で問題解決ができる逞しい人間になってほしいと願っています。

［注］前ページの各国の平均寿命は当時の授業で示した数値で、2002年のもの。2014年では2012年の数値が以下のように発表されている。
日本は世界1位で、女性の平均寿命が87歳、男性は80歳。最下位はアフリカのシエラレオネで、

女性が46歳、男性が45歳。　　（世界保健機関、2014年5月15日発表）

●「生まれ出る奇跡」の授業

「みなさんは、今ここになぜ存在しているのですか？」「お父さんとお母さんの名前は書けますか？」「おじいさん、おばあさんは計４人います。名前は知っていますか？」という問いかけで授業は始まりました。生徒たちは、軽快に答えたり、次ページに掲げた「君のルーツをさかのぼる」のワークシートにメモをしながら授業に参加しています。「さて三代前は８人、五代前は32人の先祖が必要です。では、十代前では何人になりますか？」「２の10乗ですから、１０２４人の先祖がいたから、今の君が存在していることになります。もし、そのうちの１人が、事故か何かで、子どもをつくる前に亡くなったら、君は今ここに居ないことになります。また、もし君が結婚する前に死んでしまったら、未来は変わってしまいます」「すごいことだと思いませんか。奇跡ですよね、君が存在しているのは」と授業を進めました。

さらに、『SEX & our BODY』という本の「生命の始まりは数億の精子がたったひとつの卵子をめざすことから」の項に書かれた絵に解説を加えながら、生まれることの奇跡について考えていきました。子どもたちはどんどん引き込まれていきます。

【君のルーツをさかのぼる】

※（　　）に家族の名前を入れ、＿＿＿の人数を計算してみよう。

一代前＝父母　♂（　　　　　　　　）♀（　　　　　　　　）

二代前＝祖父母　♂（　　　）♀（　　　）♂（　　　）♀（　　　）

三代前＝曽祖父母　♂　♀　♂　♀　♂　♀　♂　♀

四代前　♂♀ ♂♀　♂♀ ♂♀　♂♀ ♂♀　♂♀ ♂♀

五代前　♂♀♂♀♂♀♂♀　♂♀♂♀♂♀♂♀　♂♀♂♀♂♀♂♀　♂♀♂♀♂♀♂♀

六代前　＿＿＿＿＿＿＿＿人

七代前　＿＿＿＿＿＿＿＿人

八代前　＿＿＿＿＿＿＿＿人

九代前　＿＿＿＿＿＿＿＿人

十代前　＿＿＿＿＿＿＿＿人

赤ちゃんはお母さんのおなかの中にできます。とても不思議です。新しい生命は、お父さんが毎日ほぼ1億つくる精子《せいし》のひとつと、お母さんがほぼひと月に1個つくる卵子《らんし》が合体して始まります。

（河野美代子監修『SEX & our BODY』
NHK出版、1993年）

そして吉野弘の詩「I was born」（『吉野弘詩集』ハルキ文庫、1999年）を朗読し、授業の最後に感想文を書いて終わります。あっという間に50分が経ってしまいました。

授業を受けた後の感想文に子どもたちはさまざまなことを書いてくれました。「前向きに生きていくことによって無限の可能性が生まれるということがわかった（S）」「『奇跡』が起きたから自分が産まれたんだなと思いました（N）」と、大切な自分の存在に気づき、「これからは、自分の生き方をもう少し考えながら生活していこうと思いました（NI）」「これだけは言いたい。両親、ご先祖様に僕を生んでくれてありがとう。これからもよろしくお願いします（NT）」と感じた子どもたち。また「人は限られた命を大切に使うべきだ（W）」と命を粗末に扱う現状に警鐘を鳴らすなど、感想文はどれも感動的でした。そこには、自分が生まれてきたことが奇跡であって、選ばれた尊い命であることが記されていました。

この自分の命が尊い存在であるという思いは、厳しい世の中で生き抜いていくとき、各自の自尊感情ともなり、挫折や失敗があっても乗り越えていく力につながるであろうと思います。そして、自分の可能性をさらに高めていく力にもなるでしょう。

しかし、自分の命、父母や先祖への感謝は述べられていましたが、まわりの友達誰もが同じ大切な命を持っている、仲間を大切にしなくてはいけない、という感想には至っていないことが私の気がかりでもありました。その課題を解決するための授業を模索しているとき、中村博志先生との出会いがあったのです。

「死を通して生を考える」授業で生徒が得たもの

「哲学」の授業の最後の3コマは、「死を通して生を考える教育研究会」会長の中村博志先生にお願いしました。中村先生は小児科医で、重症心身障害児施設病院の院長も歴任した方です。大学で臨床医学や精神保健について教えてもいました。中村先生が自主製作したビデオ『生き甲斐をもとめて～ある難病患者の歩んだ道～』の視聴と感想文作成による1時間と、その翌週、身近な生き物から命について考える2時間の授業です。

●ビデオ視聴

舩後靖彦さんは40歳を過ぎた頃、ALS（筋萎縮性側索硬化症）［＊1］という難病に冒されます。はじめは大いに悩むのですが、病気が進行し、からだのほとんどが動かなくなった頃には、わずかに動く筋肉を使って音楽活動を行い、他人のために活動したり、コンピュータを使って意思をまわりに伝える努力を続けたりと、あきらめない姿勢で生き続けようとしていました。

そんな舩後さんの日常を映したビデオを見て、子どもたちはさまざまな思いを抱きました。

ALSの患者となった後も、舩後さんが人のためにさまざまな活動をし、自分が必要とされていることを生き甲斐にしている姿に圧倒され、「昨今自殺している人が後を絶たないことを感じた。人身事故で電車が遅れることが頻繁に起きているからだ。自殺する人には自分を支える存在に気づくこともなく自殺してしまったのだろう。世の中、生きたいと思っても短命の人もいるのに」と命を無駄にする人へと話題を進めたり、もし闘病中に絶望しそうになったら、「その時自分を支えてくれる存在はいるのだろうか」とまわりで支えてくれる人の有無を考えたりする生徒もいました。また、「2歳のころ高熱になり、病院に緊急入院しました。その時、自分は意識を失って死にかける直前でした。しかし、その時突然意識を取り戻し、生き返ったのですが、その時の後遺症として、てんかんが残ってしまいました。しょっちゅう病院に行き採血をし続けました」と自分のつらい体験を語るなど、感想文には、自分に引き寄せ、それぞれが感じたことが素直に書かれていました。全体的には「もし私がこの病気になってしまったら、生きる希望をなくし、すぐに死にたいと思っていたと思います」という感想が多くありました。しかし、舩後さんの生き方に心を動かされ、前向きな感想を持った生徒も多数いました。「自分の病気をしっかり受けいれて、自分の生きがいとして、ALSの患者の役に立とうとピア・サポートをしたり、バンドを組んでライブをしてみたりと、自分のことはしっかりしながら、他人のことも思いやっていて、とても素晴らしい生き方をしていると思いました」「この人の生き様を見て、私にも誰かにしてあげられることや、自分自身ももっと生きていることを楽しく感じられるように努力していきたいと思います」というように、子どもたちの健全さを感じた授業でした。

難病になっても他人のために活動し、限られた人生を精一杯生きようとする舩後さんの生き方を知った生徒たちは、きっと、自分の命や他人の命も大切なものだと感じ、その上で他人のために自分のできることを精一杯やっていこうとする若者に育つでしょう。舩後さんというひとりの人間が死を見据えて生き抜く本物の姿は、子どもたちの柔らかく、豊かな感性に響くものがたくさんあったようです。教師側が真剣に本物を提供できれば、しっかりと受け入れてくれるのだと確信できる内容でした。

●中村先生の講話

ビデオ視聴の翌週は2時間連続で、中村先生による講話です。先生は生徒たちに向かって語りだしました。「クモの巣にチョウがかかっていたら、助けますか」「道路でアリの行進しているところに出くわし、子どもがアリを踏み潰そうとしました。あなたは、どうしますか」「魚釣りをする人と魚釣りをしない人では、どっちが魚を愛していると思いますか」などと質問が飛びます。生徒たちは真剣に悩んでいます。

「いただきます」と私たちは食事のときに言いますが、これは本来〝生きている生物の命をいただきます〟という意味です。実際、私たちが食べるものは、すべていのちだったものです。私たち人間は食べものを食べなければ生きていくことができません。ですから、「いただきます」ととなえながら手を合わせ、生き物のいのちをいただいているのです。

と先生の話は、淡々と続きました。一言も聞き漏らすまいという姿勢が、生徒たちからうかがえる2時間でした。そして、感想文を書いて授業は終わりました。

その感想文を見て私はとても驚きました。これまでの「良かった」「感心した」「いい勉強になった」などと感嘆文だけで書くことが多かった内容が、「良かった。なぜなら○○○だから」のように、接続詞の入ったものに変わり、小学校の思い出や苦しい体験など、自分自身に戻って語っていたのです。その一部を掲載します。

R・I君は、「私は転校して、この学校に入学した。前は広島の浄土真宗の仏教校だった。だが、広島の平和学習や仏教の授業はつまらなかった。これは第三人称の話だからと思う。8月6日のテレビの特番や、毎回放送されるほたるの墓〔*2〕にマヒしていた。私の様に鈍感な人間は何も感じなかったのである。先生の話を聞いて、鈍感な私はやっとすこし『死』を感じた気がする。やはり第二人称の死は『死』を考えさせると思う」と述べており、自分の体験と今回の授業から、死の認識が鈍かった理由が明確になっていくのがわかる感想になっています。

M・O君は、「クモの巣に引っかかったチョウは、たすけたほうがいいのか、そのままにしとくべきかという話について、自分はクモの事を考えると、そのままにしておいた方がいいけど、チョウの事を考えてみると、たすけた方がいいと思いました」と考えがまとまらず、混乱していることを記していますが、答えがないので、「それを見つけた人の判断で決めればいいと思いました」という結論に達し、自分で判断できる自我が育っているのだと確認できました。

D・K君は、「自分はおばあちゃんの葬式にたちあったことがありますが、新潟にいてあったのが数回しかなくもちろん悲しかったのですが、毎日かわいがっていた犬の死の方が悲しくかんじていました。犬の死はきっと第二人称と第三人称の間くらいの死だったんでしょう」と、日常接していた身近な動物の死のほうが非常に悲しかったと正直に気持ちを吐露しています。

こういった感想が、子どもたちからどんどん飛び出しました。今まで、あまり触れることのなかった〝死〟というものを身近に感じ、子どもたちは人間だけではなく、動物や植物、そして食物などのことにも考えが及び、自然界の不思議を考えるようになっていきました。「死を通して生を考える」授業が発する、自分も他人も、そして生きているすべてのものの命が大切なのだというメッセージは、子どもたちに届いていると思えました。そこで、この問題は子どもたちの気づきだけで終わらせず、教師や親も巻き込む必要があると考え、次の講演会を企画しました。

【編集協力：死を通して生を考える教育研究会（東京）中村博志会長】

［＊１］大人の難病のひとつです。この病気が進行すると、手足の麻痺による運動の障害、コミュニケーションの障害、嚥下障害、さらに呼吸障害が加わります。ほとんどからだは動かなくなり、わずかに動く筋肉をつかって、コンピューターなどの力を借りてコミュニケーションをおこなうなど、生活はきわめて限定されてくるのです。

（中村博志『死を通して生を考える』リヨン社、２００６年）

［＊２］『火垂るの墓』：戦争を題材としたアニメ映画。原作は野坂昭如、監督は高畑勲、スタジオジブリ制作、１９８８年公開。

●子どもには死を受け入れる強さがある

〝生きる〟をテーマにした「命の授業」を受けた子どもたちは、自分の命が大事であることを知ると同時に、相手の命の大切さも理解しました。その結果、けんかやいじめが少なくなりました。そして、進路を選択するときに、「なぜ、大学に行くのか？」「大学で何をやればいいのか？」と広い視野に立って自分の生き方を考え、医者や歯医者、弁護士などの道を選ぶ子どもも出てきました。

物事にはいろいろな面があり、いいことも悪いこともありますが、大人は子どもにいい面だけを見せがちです。子どものためを思い、隠したりタブー化したりしていることがあります。

例えば、おじいちゃん・おばあちゃんが年をとって介護が必要になったら、その場に子どもを立ち会わせますか？　ご飯を食べさせてあげて、ボロボロとこぼしていたら、それを「イヤだな」とか「汚い」と思うこともあるでしょう。そこで「年老いて体が衰えるというのは、こういうことなのよ。誰もが経験するのよ」「こぼしていたら胸にタオルを当ててあげればいいのよ」と子どもに教えればよいのです。そこまですることが教育です。子どもの目に触れないようにするのではなく、ありのままの姿を見せることが大切なのです。

タブー化していることの最たるものが〝死〟ではないでしょうか。人の臨終に立ち会ったり、亡くなった人の顔を見たりするのは、つらく悲しいことです。しかし、しっかり向き合わせれば、子どもたちは死を受け入れる強さを持っています。豊かな感性で受け止め、心に響いたものを懸命に処理しようとし、それを身につける逞しささを備えているのです。子どもが本来持っている強さを信じて、タブー視しているもののふたを取り、真剣に向き合わせてみましょう。そうすれば、何があっても乗りこえられる力を持った子に成長します。

ある小児科医から保護者や教師へのメッセージ

今まで、他人ごととして醒めた目で眺めていた死という事象を第二人称（身近な人の死）、第一人称（自分の死）として身近に感じ始めたとき、子どもたちは〝生きる〟ことと真剣に向き合いだしました。今までは、大人たちが死というものをタブー視し、死から子どもたちを遠ざけていたことが、死を第三人称（他人ごと）と考えさせていた理由なのでしょうか。であるとすれば、「死を通して生を考える」授業は、子どもたちだけではなく、本校の保護者や他校の教師たちにも知ってもらいたい内容だと考えました。そこで、京北中学校での「命の授業」の取り組みの報告と合わせて、中村先生の「死を通して生を考える教育講演会」を開催しました。

中村先生は、１００人以上の保護者や中学校・高校の教師を前に話し始めました。重症障害者や難病患者を多く診てきた先生からのメッセージは、非常に説得力のあるものでした。以下はその要約です。

中村博志先生講演要旨

2006年12月14日　於：京北中学校・高等学校視聴覚室

「死」をテーマとして扱うと、「重いテーマ」と捉えられることも多くありますが、何より申し上げたいのは、死は決して重いテーマではないということ、死を重くしているのは皆さん自身であるということです。

まず、なぜこういったことを考えたかですが、最近いじめや自殺など子どもたちに関わりのある事件が多くなっております。さまざまな現象がありますが、それぞれの問題の根は同じであり、それは「命の軽視」だと思います。文部科学省などが「命の教育」ということを声高に叫んでいますが、子どもたちに「命の大切さ」「命を大切にしよう」などと、いくら教師が言っても何の効果もないと考えています。それは、生きることの裏側には死があることを同時に考えてもらうことをしないからです。

私は、命のことを話す上で、「命」「生きる」「死ぬ」というのは同じであり、ひとつの物を一方から見ているに過ぎないと考えます。ですから、命の大切さを教育するときには「死」の問題を同時に考えなければ絶対にわからないと思います。

最近、にわかには理解できないような事件が相次いでいますが、あるとき、ふとこれが原因ではないかという考えが思いつきました。ゼミなどで大学生に「身近な人の死に出会ったことがありますか」と聞くと、多いときで2／3近くの学生が葬式に出たことがないと答えます。世の中が死から遠ざかり、死をイメージできなくなったことが原因だと考えました。実際いくつかの小中学校でアンケートを取ってみると、「人は死んでも生き返る、生き返ることがある」という生徒が20％以上、その理由として「見たことがある」「教えてもらった」という生徒がそれぞれ約2割程度いるわけです。

いまさら申し上げるまでもなく、生きることと、死ぬことは分離できないものです。京北の中3生への授業でも強く生徒に伝えましたが、この点を理解してもらうのが第一だと考えます。日本の社会では、残念ながら、いまだに死はタブーです。しかし、死のことがわからなければ生きることはわからない。そして同時に、死の多様性を理解させる必要もあると思います。身体的死、精神的死、法的死など、さまざまであることを受け入れさせる必要があります。

最近はDeath Educationに携わる人も増えてきていますが、私はもともと小児科医ということもあり、自然科学的な視点で取り組んでいます。宗教や道徳などほかの手法で取り組む先生方もおられると思いますが、どう取り組むにしても、手法は年齢によって変わってきます。この点が大切ですし、ここは読み誤ってはいけないと思います。

具体的にどう教育するかですが、まずは死と遭遇する機会を多くすることだと思います。なぜなら、生や死はいくら抽象的に話をして理解を求めたとしても十分に理解することは難しく、何よりも体験することのほうが重要だからです。しかし、20歳くらいでは、おじいちゃん、おばあちゃんが生きていて当然という世の中ですから、身内の死に出会う機会はほとんどなくなっています。そういう社会であるからこそ、逆にDeath Educationが必要なのではないかと考えます。昔は身の回りで死に出会う機会は多くありましたので、否応なく死について考えざるを得ませんでしたし、それによって親になったときに子どもに死を語ることもできました。しかし、現在では親の世代にも死の体験がなく、子どもに語れないことが多くなっています。

人の死に出会う機会が減っていますので、大切になるのが、動物の死に出会うことではないかと思います。とくに小さい動物は早く死んでしまいますので、死に出会う機会は多くなると思います。重要なのは、そのときの親の態度です。飼っていたウサギが、犬に噛まれて死ぬ、その一方で、そういった犬を放し飼いにする大人がいます。そういった事件を隠すのではなく、素直に見せ、素直に感じさせ、考えさせることが大切だろうと思います。死をタブー化するな、ということです。

また、死を語るのに抽象論では駄目です。言葉によるコミュニケーションのみでわからせようというのは非常に難しいと思います。そうではなく、具体的な事象を通じて理解させる、肌で感じさせるのが大切だと思います。失礼な話かもしれませんが、道徳で命は大切だと何度言っても身につかないのではないでしょうか。死の認識においては、人称性が非常に重要になります。最近の子どもたちはマスメディアなどを通じた三人称の死との遭遇は増えています。しかし、本当に実感として学ぶのは二人称の死、身内の方やペットの死に出会ったときではないかと思います。亡くなったおじいちゃんの遺体にすがって泣いている母親の姿が子どもにとって何よりも大切な経験になるはずです。そして、その上で対話をすることが大切です。これは決して難しく考える必要はなく、おじいちゃんにお世話になった話をするだけでも十分だと思います。

Death Educationは、本来家庭教育で行われるべきことです。しかし、最近の日本社会はそれが困難なほど家庭崩壊が進んでいます。したがって学校において補完的に行うことが必要となります。

実際に「死を通して生を考える教育」を行い、多くの学生の感想文を読みました。そこから考えられる成果として、まず、ほとんどの学生が何かしら考え、自分を見つめるようになることがあげられます。さらに、自分の生き甲斐を考え、その上に、この世の中は自分ひとりで生きているのではないので、まわりの人との関係性を考えてくれるようです。

より重要な自分が生きていることをまわりの人たちとの関係性に沿って考える、支えられて生きていることを認識する必要があると思います。そのことに気付ければ、自身の生き甲斐などを見出すこともできるのではないでしょうか。

●講演を聴いて

中村先生は、今の子どもたちが死をイメージできなくなっていることが、命を粗末に扱う原因になっているのではないかと話しています。「人は死んでも生き返る、生き返ることがある」と言う生徒が20％以上いることもショックでした。どこの家庭にも死が身近にあります。接していないだけなのです。中村先生は、ペットの死、おじいちゃん・おばあちゃんなどの死に立ち会う機会を持つことも大切だと力説しました。もっと日常にも死のことを考えるきっかけはあります。例えば、潮干狩りに行って取ってきたアサリの入ったバケツで遊んでいた子どもに、夕食で味噌汁のアサリを見せながら「さっきまで生きていたアサリよ。心をこめて『いただきます』と言いましょう」と言って食べるのも、死を考える大切な家庭での教育です。

保護者たちもさまざまな感想を持ったようです。「タブー視されている死を考えることで、いじめ、他人との関わりを子どもが考えるようになることを願い、大人として子どもの親として、子どもに死についての話をしようと思いました（Y）」「日頃感じていることばかりのお話で、とても共感いたしました。命の教育Death Educationは、やはり子供にいかに機会を与えることが重要かということがわかり、また具体的に子供に示していく方法として、真剣に考えてみると、身近に材料があるのだと思いました（I）」「身近な人の死に直面しなくても、日常生活の中にも生と死を考える場面はたくさんあることがわかり、その場その場で直面したときには、その場を避けることなく子どもたちに話しかけ、教えると言うことではなく、一緒に理解していけたら良いな～と思いました（A）」と、「死を通して生を考える」ことが大切だと伝わり、家庭でも親子や祖父母も巻き込んで、〝生と死〟の話が発展するだろうと感じました。

保護者の方々は、この講演を聞いてから、人との接し方に変化が生じたようです。子どもの考えを尊重して「ああしろ」「こうしろ」と言わなくなったり、子どもと距離をとって子どもの自由にさせるようになったりしました。子どもには自分で考える力があると気づいたからでしょうか。また、保護者同士が仲良くなったクラスもありました。「生命とは？」という根源的な問題を考えることで、親と子、親同士、あるいは親と教師が認め合い、人間として同じベースに立つことができたのかもしれません。

家庭でも学校でも、死という現実を通し、誰にとっても命が大切であることを学習する機会を増やしたいものです。その学習は、多様な社会で生きるものすべてが共存・共生し、人と人、国と国を分け隔てている障壁を取り除いて平和な世界を築くための基本だと思うのです。

ドイツからの手紙〜海外から見る日本の教育〜

ドイツの荻原シュック江里子さんから手紙が届きました。日本、シンガポール、アメリカ、ドイツで学び、現在ドイツの大学で教えている彼女に、世界規模の視点から日本の教育に対して意見をもらおうと私の出した手紙への返信です。それは、彼女が世界各国で英語教育を受けた経験から、考えるところが中心になっています。日本にいながら教育を考えると、どうしても、〝隣の芝生〟が良く見えてしまうことがあります。そして、自国の教育の欠点ばかりあげつらう恐れもあります。その自省のために、この手紙を掲載しておきます。

私は現在、ドイツのドルトムント工科大学の英米研究科でアメリカ研究の授業を担当しています。本研究科では講義とセミナーはすべて英語で行われ、ドイツ人の学生は、リーディング・レポートはもちろん、授業でのディスカッションもネイティブの英語話者並みに遜色なく自然に対応しています。こうした状況は、少なくともドルトムント市のあるノルトライン・ヴェストファーレン州の大学の英米研究科では一般的だそうで、これは英語教育が1970年以降、読解・文法重視からコミュニケーション重視に移行した結果だと推測できます。

現在、日本でも英語の語学力向上のためにコミュニケーション重視の流れがあると思いますが、外国の教授法・教育哲学をモデルにしながら教育改革を行う際には、日本における外国語教育とその環境の良さもしっかり認識しておくことが大切だと思います。

その例としてまず挙げられるのが、一字一句を丁寧に読むことが要求される日本の精読授業です。高校時代を過ごしたシンガポールアメリカンスクールの英語（国語）の授業では、常に速読が求められ、辞書を使う余裕もないくらいに毎週大量のページを必死で読みこなしました。アメリカの大学院でも同様、ひとつの授業で1週間に1冊読むというハイペースで、効率的に読むことが要求されました。ドルトムント工科大学の英米研究科の文学の授業でも、ひとつの授業につき1学期間で合計4冊以上の本を読むのが標準です。もちろん速読は精読よりも実用的と言えるかもしれませんが、じっくり時間をかけ一段落ごとに丁寧に取り組む日本の精読の授業も、文法・読解力等の言語能力を高めるためには大変重要だと思います。

次に、日本で素晴らしいことは、英語をはじめ、他の外国語修得のメディア環境が大変充実していることです。その代表的な例としてあげられるのが、ＮＨＫのラジオやテレビによる英語講座です。１９２５（大正14）年のラジオ番組で始まったこの講座は、その後テレビ放送も加わり時代のニーズに合わせて発展しました。このように長い歴史の中で洗練されたラジオ・テレビの外国語修得番組は他国に類を見ないようです。学校の授業とラジオ講座だけに頼って英検1級に合格した友人を見ると、講座のレベルがいかに優れているか理解できます。

その上、近年では、電子メール、Chat、Facebook、Skypeのようなコミュニケーション手段が普及し、インターネットを活用することによって、国内に在住しながら外国語能力を全般的に高めることが可能となりました。ドイツでも同様な傾向はあります。英語教授法の分野で研究を行っているドイツ人の同僚は、博士論文の中で、現在のメディア環境を理由に、留学組と非留学組の間で特定の英語能力（語用論的能力）には大差がなかったという結論を出しています［*］。海外に留学し母国語が一切通じない環境の中だからこそ得られる知識・経験もありますが、今では、わざわざ海外に行かずとも外国語能力を磨く方法は、日常生活の中にたくさん潜んでいます。

最後に、これからの英語教育を考える上で、日本人の国語読解力が高いことを見逃してはなりません。OECD（経済協力開発機構）が、2011〜2012年に先進国24カ国を対象に行った国際成人力調査（PIAAC）では、日本人の読解力は、数的思考力とともに1位でした。

日本人の読解力のレベルが高いのは、乳幼児の段階から文字と触れ合う機会が多いことがひとつの理由のような気がします。私の知る限りドイツの乳児向けの絵本には文字がありませんが、日本の絵本には、大抵ひらがなやカタカナが大きく記されています。また日本にある絵文字ブロックはドイツでは見かけません。私が通った日本の保育園には習字・硬筆クラブがありましたが、ドイツでは、通常文字の書き方は小学校に入学してから学ぶそうです。日本語の文字数（ひらがな・カタカナ・漢字）がドイツ語（アルファベット）に比べて圧倒的に多いことがひとつの理由のような気がしますが、こうした日本の貴重な文字文化を大切にし、英語教育にも反映させていくべきだと思います。

先ほど述べたＯＥＣＤの調査によると、ドイツ・アメリカの読解能力がそれぞれ15位・16位となりましたが、それは両国の言語教育において、コミュニケーション能力を重視するようになった結果なのかも知れません。今後、日本の英語教育の改革を進める際には、日本人の高い読解力を維持しつつ、コミュニケーション重視のドイツ・アメリカなどの教育方法を参考に、バランスのとれた教育方法を創出することが必要だと私は思います。

荻原シュック江里子

［＊］Timpe, V. Assessing Intercultural Language Learning. The Dependence of Receptive

Sociopragmatic Competence and Discourse Competence on Learning Opportunities and Input. Frankfurt a.M.: Peter Lang, 2014 を参照。

この手紙で指摘された、日本の英語教育の精読の良さは、現在コミュニケーション偏重に流れがちになっている日本の教育を考えるとき、参考になる視点でした。また、外国語修得のメディア環境の充実、勤勉さなども生かしながら、さまざまな教育を取り入れていく姿勢が必要だと思いました。日本の良さを失わず、それを武器に国際社会で生きていくことが求められることになるのでしょう。

踊りを通して町を明るく元気に

宮城県志津川高等学校　佐藤美南

私は宮城県南三陸町に住みながら震災以前のような活気が今の町にはないということに気が付きました。私が知っている南三陸町は町の人が明るく元気な町です。そんな大好きな町に戻すために高校生の私に何ができるかと考えたときに、震災以前から行われていた町の伝統的な踊り、「トコヤッサイコンテスト」の復活だと思い、活動を始めました。

活動を始め一年目の夏に「復活トコヤッサイコンテスト」を開催することができました。しかし、参加チームは二団体のみ。まだまだ震災以前のような規模での開催には至りません。そこで問題点をみつけるために仲間のイベントに積極的に参加するようにしました。そして今後は町民が集まりやすい仮設住宅などでトコヤッサイを通した交流会を開催する予定です。小さい子供からお年寄りまで気軽にこの交流会に参加してもらい、もっと南三陸町を好きになってもらいたいです。さらに来年のトコヤッサイコンテストを一緒に盛り上げ、これから震災前以上に活気溢れる南三陸町にしていくきっかけにしたいです。まだまだ活動を続けていきたいと思います。

2
学校独自の取り組み

日本での先駆的な教育

私が前節で紹介した授業に取り組む中で、周囲に広く目を向けてみると、各校でも多くの優れた実践が行われていることに気づきました。ここでは、各校が取り組む、人と人とのつながりを大切にし、社会で活躍することを視野に入れた教育を紹介します。

明治期より、子どもたちの自主性、個性、体験学習、創造性などを重んじた教育の必要性が唱えられ、特色ある学校が創設されてきました。例えば、大正末に西田天香によって創られた、京都にある「一燈園《いっとうえん》」の小・中・高等学校では、「根本のことを自然な方法で教える」教育方針で、奉仕の心を持って学びます。大正期、女性思想家羽仁もと子が夫吉一とともに東京で開いた「**自由学園**」は、一日24時間すべてが勉強であり、実生活のあらゆることが学びの機会と捉えた教育を展開しています。東京の明星学園から飛び出した遠藤豊らが、「点数序列主義に迎合しない新しい教育」という高い目標を掲げ設立した、埼玉の「自由の森学園」なども有名です。

最近では、元大阪市立大学教授の堀真一郎が和歌山県橋本市で1992年に開校した「きのくに子どもの村学園」が、「宿題がない。テストもない。『先生』と呼ばれる大人もいない」などナイナイ尽くしで、机上の勉強よりも、実際に作ったり調べたりする活動を重視しています。その教育は多くの支持を受け、福井県、山梨県、福岡県、スコットランドでの開校へと展開しています。第2部「3注目される教育プログラム」で紹介する、プロジェクト・ベース学習の提唱者で元千葉大学教授の上杉賢士は2013年度から、長野県にある「いいづな学園」グリーン・ヒルズ小・中学校長に着任し、「自らが幸せな自分の人生を選び取る自由で自律した人間を育てるシステム」の実践に取り組んでいます。また、千葉県木更津市の「暁星国際学園」には「ヨハネ研究の森コース」が併設され、異年齢の子どもたちが一緒に学び、さまざまな学習スタイルを実践するという教育改革を打ち出しています。それぞれに魅力的なカリキュラムを開発し、果敢に挑戦しています。これらの学校は、教育理念に賛同する人々に支えられて運営されています。

さらに、欧米を中心に世界中で1000校に達するほどに広がりを持ち、国際的に高く評価されている「シュタイナー教育」に触れないわけにはいきません。わが国で学校法人として運営されている学園は、次の2つです。

○シュタイナー学園初等部・中等部・高等部（神奈川県相模原市）
○北海道シュタイナー学園いずみの学校初等部・中等部（北海道虻田郡豊浦町）

ほかにＮＰＯとして運営されている学校は、北海道、東京、神奈川、愛知、京都にもあります。

神奈川県相模原市にあるシュタイナー学園の学園憲章には「シュタイナー学園は、ルドルフ・シュタイナーの人間観に基づき子どもの発達段階に沿う創造性と芸術性に満ちた自由への教育を行う。子どもの中に、美しさの中で学ぶ喜び　意志、感情、知性の調和、人と環境とのあたたかいつながりを育てる。そして、自ら学ぶ意欲を生涯失わず世界へ働きかける人間を育成する」と高らかに謳われています。シュタイナー教育では、子どもたちの心身の発達段階に合わせたきめ細かな教育が展開されています。これは、どこの学校でも必要になる視点です。成長段階に合わせた、12年間の一貫教育の流れを紹介しましょう。

1年生：学びへの大きな喜びと期待をもって担任教師と出会う。
2年生：美と善悪を意識する。
3年生：他者との間に距離をもち、孤独と不安を感じると同時に、世界を客観的に捉える。

4年生：全体から部分に目を向けられる。
5年生：視野が広がり、体と内面の調和がとれる。時の流れにも意識を向けられる。
6年生：思春期の入り口。
7年生：権威と対峙。
8年生：因果関係を把握し、具体と抽象を統合して思考する力が備わる。
9年生：理想を描き、理想に向かう。
10年生：個性が際立ちだし、自分自身とは何かを問い始める。
11年生：自身の内面と外界をつなぐ洞察に目覚める。
12年生：12年間の成長の上に、世界との関わりを見つけていく。
（参考：学校法人シュタイナー学園初等部・中等部・高等部学園案内）

このように、発達段階を理解し、それに応じて育てていくことは、とても重要なのです。これらの学校の実践には、わが国の教育や、各学校、家庭での子どもの教育を考える上で参考になる要素がたくさん秘められています。それは子どもたちが将来、国際社会でたくましく活躍するための教育に結びつくものと思われます。もちろん、これ以外にも優れた実践をしている学校は多くあります。次ページからの「各校の取り組み一覧」は、私が神戸、千葉、札幌、福岡で教員研修を行った際、約100校の先生方から聞き取りをした、子どもを支援するためのさまざまな取り組みの一部を表にまとめたものです。また、p.172からは、それぞれの学校の教育理念に基づいた実践を紹介します。自校だけに留まらず、外部にも目を向けて、他校の実践から学ぶための一助としてください。

ねらい	内容
生徒と先生の信頼関係づくり・学校教育相談体制を整える	生徒と先生の交換日誌。学習の記録が中心だが、「つぶやき欄」を設け、意思疎通に役立てる。
	職員は全員がカウンセリングの有資格者である。
	担任とは別に個人指導教師がつき、3年間持ち上がる。
	サロンを設け、生徒と無駄話をしながら問題点を見つける。結果をホームルームに還元。
	年2回、生徒と教員に学校満足度調査をし、学校状況の把握、改善の資料としている。
	通信制高校：不登校だった生徒や他校からの編入者が多い。大人しい、普通、やんちゃなど、タイプ別にクラス分けをし、登校日も違える。集団が苦手だったり、コミュニケーションがうまくとれなかったりする生徒には、2～3人の授業を組むなど、きめ細かい取り組みをしている。

各校の取り組み一覧

協力：一般財団法人 日本私学教育研究所『心のケアを意識したカウンセリングと学校教育相談』事業運営委員会

ねらい	内容
生徒同士の人間関係づくり・コミュニケーション力を養う	新入生オリエンテーション合宿で集団訓練、人間関係づくり、助け合いアスレチックを実施。
	掃除の班を縦割りにして、異学年交流をさせる。
	全寮制：あらゆることを生徒全員で話し合い、教員は参加するスタンス。
	机の上に紙を置き、生徒それぞれがその生徒に向けてほめ言葉を書く。
	やられて嫌なことは嫌と言えるように練習する。
生徒の意欲を喚起する・主体的に生きる	全教科で、4人グループのリーダー交代制の小集団学習を行う。言いたいことをきちんと言えるようになってくる。
	一方向の講義形式でなく、考えさせる授業を模索。
	どんな人間になりたいかを考えてもらえるような文章を毎日読ませ、それを日誌に貼る。人間目標を持てるようになっている。
	インターネットショッピングモールに出店。生徒が社長や営業部長などになり、自分たちで企業活動をしている。
	高校生と中学生を組ませ、高校生が中学生に教える。教えるために表現を工夫し、理解が確実になる。コミュニケーションも深まる。
	自己肯定感を高める体験として幼稚園でボランティアを実施。
	『7つの習慣』という本をもとに自分の人生をデザインさせる。

ねらい	内容
生徒の意欲を喚起する・主体的に生きる（続き）	「本校盛り上げ隊」というボランティアを立ち上げた。各クラスにいる。
	「30歳の自分を考える」をテーマに、将来設計を考えさせる。副教科書も用意して年間20～30コマを実施。
いじめ予防対策	いじめについて道徳で取り上げる。カードに、遊び、ふざけ、いじめなどの具体例をあげ、関連性を考えさせる。いじめの定義を考え、信頼関係をつくり出すプログラムなどに取り組んでいる。
	「私たちはいじめを見逃しません」などと書いた決意表明プレートを週に1回、1日胸の前に提げて過ごす。
	遊び、ふざけといじめの区別を生徒たちに話し合わせて分析させる。
	いじめに関して警察関係者に講話をしてもらっている。
生活習慣の構築と規範の徹底	登下校指導として、校長・教員が門や通学路で挨拶・声かけなどを行う。
	教師だけなく、外部からの客など大人を見たら挨拶している。
	服装指導は、段階的に処分を厳しくし、違反回数が多いと懲戒となる。停学者には労作教育をしている。
	頭髪を染色している生徒は美容室で元に戻させる。親同伴で美容室の印をもらってくる。
	ホームルームで遅刻などの自己チェックシートを用い、自分の生活を見つめさせている。

ねらい	内容
マナーを身につける	携帯電話の安全教室を開き、マナーや使用方法を教育。講師が事前に調査した、ネット上での本校に関するものについて話してもらい、生徒に危険性などの注意を喚起させる。
	生徒自身がやってはいけないことを１００個挙げて、自己評価を行う。自分のマナーについて気がついてもらうことが目的。
	華道、茶道を男女全員必修にして、作法を教えている。
	通学電車に教員が乗り込み、マナー指導をする。
	「おもてなし」の授業を行い、外部に気持ちを伝える教育をする。
教員同士の連携、教員のスキルアップ	定期的に全教員が集まり、良い取り組み報告情報交換会を行う。
	通学バスで上級生担当教員が指導している。
	心理テストの結果を本人や家庭に返すばかりでなく、学年全体にどんな傾向があるかなど、教員にも還元している。
	全教員が取り組めることをやる。例えば、始業前に机をきちんと揃えて並べるなど。
	教員の意識改革。教員が目標づけなどを共有し、担任や教科担当の先生まで学校全体で取り組む。
	教職員のレベルアップのため、いじめ、進路、交通マナーなどをテーマとした研修を毎月１回実施。

ねらい	内容
家庭と学校の連携	毎日、生活記録を書かせ、生徒、保護者、担任で情報共有。 保護者への連絡（電話）を頻繁に行う。 家庭と連絡をとる。5日休みがあったら、保護者面談を行う。

「28プロジェクト」で生徒の未来を支援

教育関係者や企業の経営者からも熱い注目を浴びている品川女子学院中等部・高等部の漆紫穂子校長は、「品女《しなじょ》にとってのゴールは、大学受験ではない。目指すのは28歳のときに社会で活躍する女性である」と明言しています。そして、「女性たちが将来どのような状況に直面しても、社会や家庭のいずれにおいても貢献できる人間でいられるよう、若いうちから大切なことを教えたいと思っています」と話す通り、２００３年から始まった「28プロジェクト」は、社会での活躍につながるカリキュラムになっています。学ぶ者にとっても、魅力的な内容が満載です。

学年	テーマ	内容
中学1年	地域を知る	地域と密接に関わりながら地域を学ぶ。地域での取材やボランティア。
中学2年	日本を知る	着付け・茶道・華道などを一流の講師に学ぶ。生まれ育った国の文化を知ることが国際人につながる。
中学3年	世界を知る 企業コラボ総合学習	ニュージーランド修学旅行、姉妹校との交流。 さまざまな企業とコラボし、生徒のアイディアを商品化。
高校1・2年	起業体験プログラム	企画書作成→コンペ審査→事業計画書作成→資金集めのプレゼンテーション→商品開発→販売→決算、をチーム単位で行う。

中学2年で一流講師を招いて行う「日本を知る」ための講座、中学3年での企業コラボ総合学習、高校での起業体験プログラムには、外部の人々の強い支援が必要です。それを実現できた理由は、漆校長のネットワークの広さと、教職員が校長を支持し、一丸となって実践したことにあるでしょう。企業コラボ総合学習では、ヤフー、アスクル、サンヨー食品、岩塚製菓など、一流企業が毎年1~2社参加して生徒たちの〝学び〟を支えています。サンリオと一緒に開発した商品の収益で、カンボジアに学校を寄贈するという快挙も成し遂げました。また、高校1・2年の文化祭の模擬店を株式会社として運営し、設立登記から販売、会計、株主総会までの流れを経験するなど、本格的な事業が学びの場として設定されています。

生徒たちは実際の企業の仕事としてミッションを達成し、収益も上げるという本格的な体験

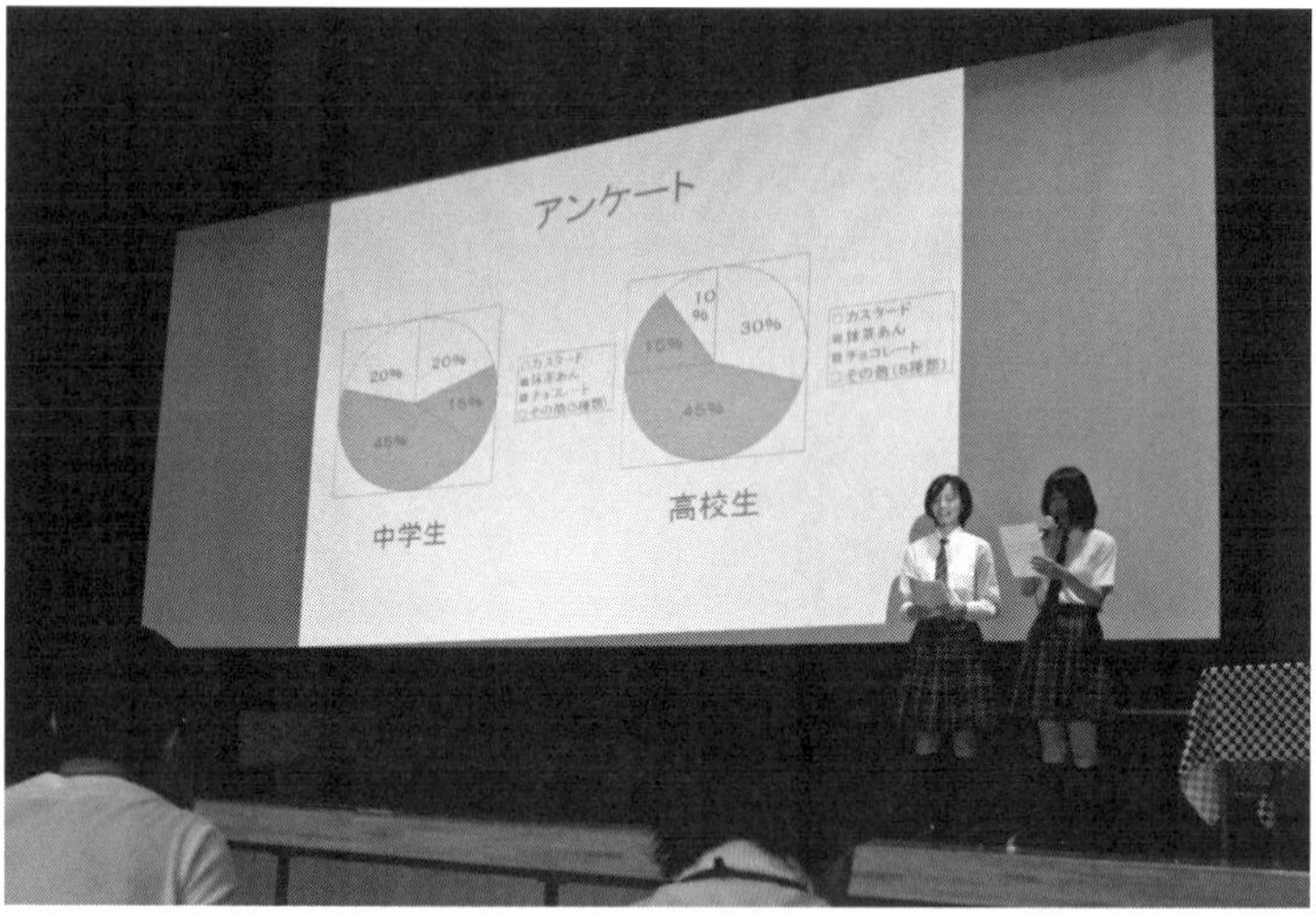

によって、実社会で仕事をしていく意識や心構え、実際のノウハウなどを学びました。その意義は大きく、将来社会で働く自分の姿を可視化する経験をしたと言えます。その結果、生徒たちの意識に変化が見られたのです。大学進学でも各自の将来を見通し、やりたい仕事に結びつくことを優先した選択をし始めたそうです。

このような教育環境で学べる子どもたちは幸せです。漆校長は、「実際に社会で働く人々と接して仕事を経験することで、人生のロールモデルを見出し、授業科目で評価されにくい自分の能力に気づき、夢を持てるようになった生徒もいます」と語っています。それとともに、それぞれが希望する大学への合格実績も加わり、保護者や生徒から高い支持を受けています。この実践は、どれも外に開かれて実施されています。自校の中に閉じこもらず、広く地域や社会と連携して、活動する場を経験できることは、将来社会に出たときにどれほど強い味方になってくれるでしょう。今後のさらなる飛躍も楽しみです。

【編集協力：品川女子学院中等部・高等部（東京）漆紫穂子校長】

【家庭での応用】

品川女子学院の実践は、高校を卒業してから10年後の28歳になったとき、社会の中で働いている女性たちが、社会とマッチングして自信を持って堂々と生きていく力を育むためのカリキュラムとして、示唆に富む取り組みです。家庭では例えば、地域の行事に積極的に参加させる。親がボランティアをしている場に連れて行く。音楽会や美術館、講演会に行く。歌舞伎や能などの古典芸能の本物と触れさせる機会を多く持つ。父や母の職場訪問など、日常的に取り組めることは数限りなくあります。家庭の外でいろいろなものに触れさせましょう。

学校に関わる問題を解決「アショカ・ユースプロジェクト」

第1部「試行錯誤する強さを支援する『東北ユースベンチャー』」で触れたアショカ・ジャ

パンは、「学校に関わる課題をどのように解決するか？」をテーマとして、生徒たちを支援する活動も行っています。日々の生活で感じる〝違和感〟や〝問題点〟、例えば「登下校時、私たち生徒は通学路で地域住民に迷惑がられていないか」「学校近くの商店街がシャッター街化しており、閑散としてさびしい」といったことを生徒が挙げ、自分たちでその解決策を考え、実行に移していきます。これをサポートするのが「アショカ・ユースプロジェクト」です。

次に取り上げるアショカ・ジャパンと同志社中学校のプロジェクトは、自分たちの学校がある町のために動いた子どもたちの報告です。生き抜く力を持った動ける子に育てるには、地域社会との連携や協力がより必要になってくると思うので、参考にしてください。

アショカ×同志社中学校「八幡前駅《はちまんまええき》プロジェクト」

一般社団法人　アショカ・ジャパン　矢部寛明

２０１２年の１月から３月まで合計６回に渡り、京都にある同志社中学校の生徒有志と叡山電鉄株式会社とともに、「素敵な駅を作る」をテーマに活動を行いました。

同志社中学校の近くには、八幡前という駅があります。昔は同志社生の通学の要として多くの生徒に利用されていました。しかし、より近い場所に地下鉄の駅ができてからは利用者数が減少しています。それでも、同志社にとっても歴史のある八幡前は大切な駅であることから、八幡前を素敵な駅にするために「八幡前駅プロジェクト」を開始しました。「八幡前駅プロジェクト」には10人の有志生徒が参加しました。最初はメンバーで「今の八幡前駅に対する印象」を出し合い、今の八幡前駅がどのように思われているかを確認しました。

2回目と3回目のワークショップでは、カメラを持って駅を訪れ、八幡前駅の様子をできるだけ細かく撮影しました。撮影した写真を現像した上で、改めて八幡前駅の印象と問題点を挙げ、「具体的にどこを直すと問題点は解決されるか」について考えました。さらに、「誰に対して魅力的な駅を作るのか」についても議論を行いました。議論の結果、自分たちが同志社生であることと同志社と八幡前駅の関係性をしっかり考えたいという意見にまとまり、同志社生に向けた魅力的な駅を目指すことにしました。この議論の中で、「八幡前駅は暗いから、遠回りでも地下鉄を使って帰りなさい」と親に言われているという意見が出ました。単純に生徒が使いたくても、親が心配したら利用できないことがわかり、「まずは明るくなる駅を目指そう」という意見にまとまりました。具体的な提案としては、将来的に理想とする駅の提案と3月までに行う活動案を作成しました。

4回目のワークショップでは、八幡前駅を運営する叡山電鉄の取締役や社員の皆さんに

プレゼンテーションを行いました。将来的に理想とする駅として、駅の壁をレンガにしたり、壁にステンドグラスを入れ込んだり、駅周辺を明るく照らす塔のような時計の案など、同志社とのコラボレーションを意識したアイディアが出ました。3月までに行う活動案は「手すりを塗る」と「壁新聞を作成する」としました。どれもユニークなアイディアとして高い評価をもらいました。3月までの活動案はすぐに実行が決まり、理想とする駅への将来構想は継続的に一緒に話し合っていきたいということになりました。

5回目のワークショップでは、実際に駅で手すりを塗装しました。それまでに色の決定や塗料の発注などを生徒が叡山電鉄や学校の教職員と調整しながら行っていました。塗装の日はテレビ局や新聞の取材もありました。塗装が終わった後は、メンバーで分担して最終発表の準備を行いました。

プログラムの最後は、最終発表です。学年末の終業式の日に全校生徒の前で、3カ月間で行った活動を発表しました。自分たちで調査から始め、実際にアイディアを実行し、全校生徒に発表するところまでやり切ったことは今後の自信につながることになるとアショカでは考えています。

アショカ・ユースプロジェクトは、生徒の自発性を最重要に考えて活動を行っています。〝さまざまな制限はあるものの、できるだけ子どもたちの発想を尊重して実現するように大人は支援する〟こういった姿勢を大人が理解して協働することで、子どもたちの柔らかで伸びやかなクリエイティビティや発想力を引き出せると信じています。アショカでは、活動に参加した生徒の気持ちに火がつき、「次は自分で活動を立ち上げたい」と考える若者が増えていくことを期待しています。

【編集協力：同志社中学校・高等学校（京都）竹山幸男副校長】

【家庭での応用】

この実践は、問題に気づき、解決法を模索し、連携して行動するというプロセス、それを人前でプレゼンテーションして評価を受けるという、社会に出てから必要になる要素が明確に取り込まれています。この、身近なところで課題を見つけ、その解決法を考え実行するという、アショカ・ジャパンの取り組みは、家庭でこそ実践しやすい方法です。家のリビングをより快適な場にしたい、庭を家族の憩いの場にしよう、各自が憩えるスペースを作るといったことを家族みんなで話し合い、それぞれの意見を大切にして実行すれば、問題解決能力が養われるだけでなく、家族のコミュニケーションも高まり、お互いの信頼感も増すのではないでしょうか。

いろんな先生が教える「人間学」

多くの先生が、それぞれの教科の特色を生かし、先生同士が大いに関わりあって横断的に授業を行っている学校があります。その導入の推進役、玉川聖学院中等部・高等部長の水口洋先生は「生徒たちに『関わりの大切さ』を教える以上、教師同士の関わりを促進することも必要であると考えました。チームで教育に携わるためには、生徒間情報の共有が必要不可欠です。信頼する教師間で可能な限りの情報を公開し合うよう心がけてきました。また、生徒にとっては、生徒同士お互いからの学び合い、お互いの体験を分かち合えるような関係性を作っていくことを目指しました」と話しています。その実践として、1993年から高校1年で始まった「人間学」の授業を紹介します。人間学の授業は当初高校1年で3単位。２００４年から高校1年で2単位、高校2年で聖書科の授業と合わせて2単位の合計4単位となりました。

「人間学」とは、とくに人間についての理解を深める授業です。聖書科、社会科、理科、家庭科、保健体育科の教師、クラス担任や学年主任など、たくさんの教師が入り、多様な視点で展開していきます。例えば、「心と体」という授業では、前半を社会科の教師が人間の見方について話し、後半は生物の教師の観点から心と体の相関関係という講義をし、脳のアルファー波を測定する実験もします。教師が自身の担当科目の授業でなくとも生徒と関わりが持てるように、いろいろな段階でさまざまな先生が授業に参加しやすくする工夫として、多くのゲストにも来てもらっています。人間学のふだんの授業では、最初から最後まで1人の教師が教えるのではなく、1教室に3人ずつ教師が入って行います。授業形態は、1人が授業をして2人がサポートをする場合や、グループを3つに分けて3人で授業をする場合、またときには教師同士のやり取りの中で授業を進行する場合など、そのときの状況に合わせて柔軟に変更しています。

実施される授業のテーマは、人間・生・性・私・心など多岐にわたり、演習や体験学習などを通して学びます。そこには、調べる、考える、仲間と協働して深める、発表するなどの要素が盛り込まれています。教師のスタンスは、次の通りです。

できるだけ、生徒自身が自分で学べるような関わりを教師たちは行っています。そして、何よりも私たち自身が、自分を語り、自分の心の中に起こっていることに目を留めつつ、生徒たちと一緒に考えていくことを大切にしようと心がけています。

（水口洋『風と出会う』いのちのことば社、１９９６年）

こういった授業を行うことで生徒たちには〝自尊感情と自信〟が身についていくようです。卒業生が学校に来て、「大学のゼミなどでグループワークを行うとき、高校での経験が役に立っている」「レポートを書くときも、他の学生が書き方や形式に戸惑っているとき、人間学が自分にプラスになっていることを発見した」といった話を、教師はもちろん在学中の後輩たちにも伝え、相乗効果を上げているそうです。また、人間学で学んだ方法が他の授業にも波及し、取り入れられています。「人間学の授業の基本は、生徒同士お互いでの学び合い、お互いの体験を分かち合えるような関係性を作っていくことです」と水口先生の言の通り、人間関係が希薄になりつつある今、人間について学び、高校卒業後に役立つスキルが身についていく授業を通して、人間関係を構築できる実践です。

【編集協力：玉川聖学院中等部・高等部（東京）水口洋部長】

【家庭での応用】

子育てをするとき、子どもへの対応は一人で背負わず夫婦・兄弟・祖父母・いとこ・親戚などと協働することは、非常に大切です。人はそれぞれに得意分野や苦手分野があります。その特色を活かしながら子どもと接しましょう。例えば家族団らんのとき、お母さんは他人を思いやる優しさを伝え、お父さんは社会での厳しさや規範を話し、祖父母は慣習や暦の話を語るなど、試してはいかがでしょうか。なるべく多くの人と関わることで人間関係が広がり、深まります。親戚・近所づきあいも減った現代では、人間関係構築の場をつくることが必要です。

なぜ歩くの？ 比叡山で「夜間30km回《かい》峰《ほう》行《ぎょう》」

今から３３０年ほど前の１６８２年に、上野寛永寺が創設した「勧学講院」は天台宗の僧侶を育てる学校でした。その流れを組む「駒込学園」が東京都文京区に健在で、多くの人から支持されています。人気の秘密は、保護者との熱い連携でそれぞれの生徒の進路を丁寧にサポートしていく姿勢です。教員たちの熱心な指導は当然として、もう一つ、将来社会に出てから必要になる〝耐える力〟〝我慢する力〟を養うために、高校1年の5月に「比叡山研修」というユニークな行事を全員に体験させることもその一因ではないでしょうか。研修には、食事作法、清掃、坐禅止観、般若心経の写経、法話、回峰行などが盛り込まれています。

食事作法では、音をたてずにすべてを食べること、茶とたくあんで食器をきれいにすることを学びます。生徒たちはその粗食や作法、家庭での日常との違いに戸惑いながらも、担当僧の指導に黙々と従うそうです。この研修の中で、生徒たちにとって精神的にも体力的にも最も苦しい体験は、朝2時に起きて30㎞を山登りする回峰行です。ある生徒は、「夜道を歩きながら『なぜ歩くのか？』『なぜ歩かされるのか？』と私はそればかりを考えていた。でも歩いて分かった。いやなこと嫌いなことから私は逃げていた。母によって嫌いなものから守られていた！　お母さん生んでくれてありがとう！」と、感想文に記しています。比叡山での回峰行を経験した高校1年生たちの気づいたことは、大きいようです。

駒込学園を長く牽引している河合孝允校長は、生徒たちへの次のようなメッセージを通して、回峰行が子どもから大人になるための研修であると、格調高く述べています。

ここではいつもとは異なった自分の内的世界に入ってもらいます。心が成長するためには甘えを峻拒する力が必要です。ただ成熟して大人になることと、少年少女の衣を脱いで大人になることとは全く違います。「ピーターパン症候群」の人々は成人になれず幼児的な行動を繰り返します。この人々に時代を切り開く力はありません。流行に流され時代に消費されていくだけです。いつの時代も自分を持った者だけが創造的に自分の人生をしっかりと歩いて行けるものです。比叡山研修では早朝の根本中堂で静かに坐禅を行います。広大な気を呼吸し、併せて自分の「想い」を深呼吸した時、皆さんは「自分」という意識の根源に降り立つはずです。「坐禅止観」は「重々無限に続く自己」を学ぶために行うものです。自分を静かに探り当ててください。

この言葉の中には、将来厳しい社会に飛び出ていく子どもたちへの温かな視点が含まれています。誰もが、甘えが許される安楽な子ども時代から、実力主義の社会に歩を進めます。そのとき必要なものは、子ども時代との決別です。たしかに以前は、子どもから大人になる区切りのときには、全世界でそれぞれ特有のイニシエーションが行われていたものです。例えば、高い崖から吊り降ろされたり、高いところから川に飛び降りたり、スズメバチの巣を素手で取ってくるなど、非常に危険なことに挑戦させて、子どもからの脱却を大人や社会が力強く支援していました。現代の世の中では、そのシステムがうまく稼働していないと思われることもあります。ニートや引きこもりの若者の急増がそれを物語っています。比叡山研修は、失われたイニシエーションを学校で再興して、その意義を示している実践です。

【編集協力：駒込中学校・高等学校（東京）河合孝允校長】

【家庭での応用】

現代っ子は、我慢したり、つらいことに耐えたり、チャレンジしたりする力が弱いと指摘されることがあります。その難題解決のために、日常の生活や家族旅行・行事などで実施できることがいろいろあります。風呂掃除や庭の水やりを任せる、山登りに挑戦させる、カヌーで川を下る、キャンプ場で食事の用意をする、親戚の法事に連れて行く、一人旅をさせるなど、多くの体験や経験をすればするほど、子どもは逞しく成長するものです。家庭でも、子どもから大人へのプロセスをしっかりと支援していきたいものです。

異年齢との交流で育つ自立心

「卒園式の日には、年少の子どもたちが園の門前に花束やお祝いの品を持って集まり、世話をしてもらったお兄ちゃんやお姉ちゃんを探し混雑するので、園庭を開放するようになったんですよ」「(幼稚園生が)３学期の小学校見学に行くと１・２年生が『いたいた、私のペア！』と懐かしそうに会いに来たり、別々の小学校に進学しても時折連絡を取りあって遊んだりしているそうです」などと目を細めて楽しげに話すのは、埼玉県越谷市にある萩原第一幼稚園副園長の筒野春子先生です。

春子先生は、１９９５年から「異年齢縦割り保育」を園の教育に取り入れました。３人の息子さんを育てているとき、お兄ちゃんたちが弟の面倒を見ながら大きく成長していく様子を見て、これを園の教育に取り入れれば効果が上がると確信したのがきっかけだったそうです。

「異年齢縦割り保育」とは、年少・年中・年長の幼児を一つの教室で一緒に生活させることで、相互の育ちを援助するねらいがあります。この保育は、幼児が成長していく過程を見据え、１年を２期に分けて、以下のように行っています。

〈1期〉 4月～11月半ば：「異年齢と過ごす時間が7割」「年齢別の時間が3割」の生活
〈2期〉 11月半ば～3月：年長は一日中、年長だけの「年齢別」生活。年中・年少は「年齢別で過ごす時間が7割」と「異年齢の時間が3割」の生活

その効果について、春子先生は次のように話しています。

① 年少は年長・年中から日常いろいろな援助をしてもらったことで、優しさや思いやりが育ち、その経験が感謝の気持ちを育ててくれます。また、年長を信頼し、尊敬の念

や憧れをもつようになります。

②年中は、年長を手本にしながら自分たちでもお手伝いをしようという気持ちが生じてきて、人のためにお世話することを少しずつ身につけ、2学期末には、年長に代わって年少との関係を深めていきます。年中の存在は年長にとっては心の支えにもなっているようで、年少を交えた3人組がいい兄弟関係になっています。

③この異年齢の経験は、年長同士の活動にも反映し、自分たちで考えたり、話し合ったり、調べたりして問題を解決しようとする力につながっています。

保護者からも、年長の子どもたちの園での成長ぶりに驚きの声が上がるそうです。日常の遊びや2学期までの園行事が異年齢での活動となっています。その中での圧巻は創作劇の発表会です。みんなで作ったお話を年長のリードで何日も練習し、世界に一つしかない創作劇に仕上げ、保護者などを迎えて発表するのです。

18年間にわたり修正を重ねてできたこのカリキュラムは、核家族化や少子化が進んで兄弟の数が減り、異年齢の子と接する機会も少なくなった現在、とくに必要な取り組みです。また、子どもたちは習いごとや塾などが忙しくて、放課後に広場や路地で年齢を超えたメンバーと遊ぶ機会もなくなっています。つねに同年齢の子どもたちと閉じられた場で学び、競争しているのです。しかし、誰もが将来は社会に出ていきます。その場は、広い年齢層で成り立ち、後輩の面倒を見ながら上司の下で働く場合が多いでしょう。だとすれば、子どものときから、異年齢と接する機会を多く持つことは、将来社会で生きていく上での非常に大切な訓練になると言えます。

【編集協力：萩原第一幼稚園（埼玉）筒野春子副園長】

【家庭での応用】

人の優しさに触れたり、小さい子の面倒をみたりする機会をぜひ、意識的に提供したいものです。従兄弟たちと遊ぶ。日曜日などは近くの公園で異年齢の子たちと知り合う。地域のサッカーチームや野球チームなどに参加する。友人に赤ちゃんが生まれたときに子どもを連れてお祝いに行くなどは、簡単に取り組めるのではないでしょうか。

儒教の心を育てる「昌平黌《しょうへいこう》」の教育

福島県いわき市に学校法人昌平黌の運営する学校があります。東日本国際大学附属昌平中学校・高等学校です。昌平黌と言えば、林羅山が江戸の上野忍岡に私塾として始め、その後、神田湯島において幕府の教学機関として発展を遂げた由緒ある学問所です。儒学の祖、孔子の出身地「昌平郷」にちなみ「昌平坂学問所」とも呼ばれました。江戸末期、開成所（洋学）、医学所（西洋医学）と並び称される教学機関であったのが昌平黌でした。

この流れを汲む東日本国際大学附属昌平中学校・高等学校の浅岡秀夫校長は、「本校の教育は、儒学を基にした『人間教育』と個性を重視した『個別教育』を特長としています」と話しています。昌平黌の伝統が今も受け継がれているのです。孔子像が安置された聖賢堂（200人収容の階段教室）において週に1度、建学の精神である儒学をもとにした「修為要領十七条」（創立訓）を学年全員で唱和する時間があるほか、「総合的な学習の時間」の一部で『論語』に親しむなど、儒学の教えを学んでいます。創立者の田辺新之助が昌平黌精神の具現化を図る上で、明治35（1902）年に示した「創立訓」を紹介しましょう。

修為要領十七条

1．人《ひと》の貴《たふと》き所以《ゆゑん》は外物《ぐわいぶつ》に存《そん》するにあらずして、己《おのれ》の心《こころ》にあることを思《おも》ふべし。
2．自《みづか》ら重《おも》んずると共《とも》に他《た》を尊《たふと》むべし。
3．自信《じしん》を厚《あつ》うすべし、善《ぜん》に遷《うつ》るに吝《やぶさか》なるべからず。

4. 独立《どくりつ》の心《こころ》を強《つよ》うすべし、協同《きやうどう》の念《ねん》を離《はな》るべからず。

5. 誠実《せいじつ》なるべし、己《おのれ》を欺《あざむ》くこと勿《な》かれ、人《ひと》を欺《あざむ》くこと勿《な》かれ。

6. 勇敢《いうかん》なるべし、狂暴《きやうぼう》なるべからず。

7. 謙譲《けんじやう》なるべし、卑屈《ひくつ》なるべからず。

8. 質素《しつそ》なるべし、不潔《ふけつ》なるべからず。

9. 労苦《らうく》に耐《た》ふべし、心身《しんしん》の鍛練《たんれん》を怠《おこた》ること勿《な》かれ。

10. 己《おのれ》に克《か》つべし、外物《ぐわいぶつ》に心《こころ》を奪《うば》はるること勿《な》かれ。

11. 心《こころ》を専一《せんいつ》にすべし、妄念《まうねん》に駆《か》らるること勿《な》かれ。

12. 秩序《ちつじよ》を重《おも》んずべし、自恣《じし》放逸《はういつ》の言行《げんかう》あるべからず。

13. 趣味《しゆみ》を高尚《かうしやう》ならしむべし、天然《てんねん》に親《した》しむべし。

14. 同情《どうじやう》を有《いう》すべし、己《おのれ》の欲《ほつ》せざるところは、人《ひと》に施《ほどこ》すこと勿《な》かれ。

15. 義気《ぎき》あるべし、幼弱《えうじやく》を扶《たす》くべし、強暴《きやうぼう》に屈《くつ》すべからず。

16. 知《し》るは知《し》るに止《とど》まるにあらずして、修為《しうゐ》のためなることを忘《わす》るべからず。

17. 自利《じり》の念《ねん》を離《はな》るるに随《したが》ひて、人格《じんかく》の高大《かうだい》を致《いた》すものなるを記《き》すべし。

『創立訓 修為要領十七条』
学校法人昌平黌
東日本国際大学附属昌平中学校・高等学校（2011 年）

どの項目も、現在の世の中で見失われがちな事柄ばかりです。この十七条には、現代の世の中でぜひ身につけておきたい教えが多く含まれています。社会の中で逞しく活躍しようと考えたとき、まず必要なのは、自分は自分でいいと思える自分らしさ（アイデンティティ、自己同一）を認め、その上で他者を尊重することです。また、将来への目的を明確に持ち、つらいことにも耐え、真の知識を獲得していく努力も求められます。さらに、趣味を持ち、自然を愛する心を持つ余裕ができれば言うことはありません。子どもたちが社会に出る前に必ず身につけておいてほしいと願う項目が、明確に記されています。

浅岡校長は、「この創立訓に基づき、自立心と、人と人との絆を大切にする人間性を育む」ことを強調しています。ある卒業生は「当時十七条は当たり前のことを言っているが、実際にすべてを意識して行動に移すのは難しいと思った。しかし今になってみると人と接する時に何らかの影響を受けているのを実感している」と振り返っています。またある保護者は「気づかないうちに道徳心が自然に身につき、人を大事にし、思いやる心が育まれているのではないか」と感想を寄せています。

当校は１９０３年、東京の神田淡路町の東京開成中学校内に開成夜学校として創立されました。その後、開成中学校と分離され、神田駿河台で独自の教育を展開していましたが、東京での中等教育を終えていました。そして、２０００年に昌平黌精神を鼓舞するという願いで、福島県いわき市に再興されました。江戸時代の儒学の教えや寺小屋での人間教育、個別教育の精神が生きている学校として、日本の教育改革に一石を投じてくれることが期待されます。

【編集協力：東日本国際大学附属昌平中学校・高等学校（福島）浅岡秀夫校長】

【家庭での応用】

日本の文化には孔子の「儒教」が大きな影響を与えてきました。仁（人を思いやる心）・義（利欲にとらわれず他人に尽くすこと）・礼（人間として社会で守るべきことを守る）・智（学問に励むこと）・信（友情に厚く約束を守ること）の五常の徳は、今の子どもたちにもぜひ教えたい内容です。家庭でも、孔子や孟子の話などができるといいですね。そのためには、『論語』の本を親も子どもと一緒に学んでみる機会をつくりたいものです。心が清く洗われていく気持ちになるのではないでしょうか。

私がわかりやすいと思うのは次の2冊です。参考にしてみてください。

○加地伸行『論語』角川ソフィア文庫—ビギナーズ・クラシックス中国の古典（２００４年）
○宮崎市定『現代語訳 論語』岩波現代文庫（２０００年）

「自主記録」で信頼関係構築

生徒との信頼関係をつくることは、教育の基本です。教師は、誰もがこの点に腐心しています。生徒と教師の信頼関係があれば教育効果が飛躍的に伸びることを、教師なら誰もが経験で実感しているところです。このシンプルで重要な課題に全校規模で取り組み、成果を上げている学校があります。岐阜県高山市にある高山西高等学校です。１９９８年度からソフト面での改革として「自主記録」を15年間にわたり実践してきました。

それは、それぞれの教師の持ち味を生かし、実施されています。多くは、生徒との交換日誌のように進められますが、中には「自主記録」と毎日発行する学級通信を合わせて行うクラスもあるようです。

ここでは、中堅の川上千敏先生の実践に焦点を当てて報告します。川上先生は「自主記録はすぐに効果が現れるものではありませんが、毎日の継続的な取り組みが『生徒との信頼関係の構築』の基盤になっていることはたしかです」と断言します。さらに続けて「人間関係のこじれが『いじめ』へと発展する前に適切な指導ができるケースもでてきました。また、生徒が仲間をほめる言葉を書いたときは、そのコピーを相手のノートに貼ってあげることで、仲間の良い部分を積極的に見ていこうとする姿勢も現れてきました」と言うように、具体的な効果も目に見える形でいろいろあるようです。

川上先生のクラスでは、次のような手順で「自主記録」が実践されています。

1 教師は朝、教室の黒板に「今日の一言」として、生徒に向けて「生きる指針を与えるための言葉」を書く（鍵山秀三郎氏・森信三氏・松下幸之助氏らの言葉、『論語』、『菜根譚』など多彩）。

2 教師は朝のホームルームで、「今日の一言」をじっくり心を込めて朗読する。

3 教師はその日提出される生徒全員の「自主記録」にコメントを書くとともに「今日の一言」の板書の言葉をコピーして貼り付ける。

これを毎日継続して行います。川上先生に「ものすごく忙しいので大変でしょ？」と尋ねると、「時間は意外にあるものですよ」と返事があり、敬服しました。生徒も毎日のこととなると面倒がりそうですが、習慣化され、きちんと提出するそうです。こうして、3年間でノート10冊分にもなる、教師と交わした記録が生徒それぞれに残ることになります。誰にとっても一生の宝物になるに違いありません。人は孤独な生き物です。しかし、中学校・高校時代に、自分に真剣に向かい合ってくれた恩師がいるというだけで、どれだけ生きていく上で励みになることでしょう。

教師にとって、毎日クラスの全生徒の日誌へのコメントを書くことは大変な作業です。それをやり遂げられるのは、子どもたちへの愛からだと言えます。生徒は、こんな信頼関係のある先生の授業を疎かにするはずはありません。また、社会に出てから苦しいとき、挫折しそうなときも、信頼できる恩師がいることは大きな励みにつながるだろうと思います。教育の原点を見た気がする実践でした。

【編集協力：高山西高等学校（岐阜）川上千敏教諭】

【家庭での応用】

子どもとの信頼関係は〝ある〟ものではなく〝つくる〟ものです。何もしないでいると子どもたちとの距離は広がってしまいます。とくに中学校・高校時代は親の一方的な価値観の押し付けに反発する時期です。このときにこそ、親は置き手紙やメール、または声かけなどをして、「いつもあなたのことを応援しているよ」というメッセージを送り続けたいものです。毎日顔を合わせる親子です。いつまでも子どもの一番の味方であってください。

災害ボランティアを出会いの場に

駒澤大学 中村隆宏・獨協大学 山勢拓弥

東日本大震災は多くの命を奪い、日本を悲しみに追いやった悲しい出来事。しかし起きてしまった事は事実だし、悲しんでいるだけでは何も始まらない。じゃあ被災地から何かを生み出そう！　という想いで考えたのが「ボラコン」です。「ボランティア」と「街コン」を組み合わせることで、被災地を出会いの場所にしてしまうのです。震災後、東北で多くの人に出会った僕らが気づいたのは「これだけ多くの人が東北に来ているのだから、ここでカップルができたり、結婚しちゃう人がいたりしたって全然不思議じゃないなぁ」ということ。最終目標を「結婚」にして、今までに4回ほどボラコンを実施しましたが、真面目に捉えられる「ボランティア」と、少しチャライ？　と捉えられる「コンパ」を一緒にしたボラコンは、すんなりと受け入れられることは難しく、参加者集めに苦労しています。試行錯誤を繰り返し、現在はボランティアではなく、農業体験など、少し違った要素を組み込んだボラコンも実施しています。僕らは「東北のため」という想いはあまり持っていません。むしろ何かを生み出す「ワクワク感」を大切にして、結果として東北に繋がる。それが理想だと考えます。

（注）記載の大学には認定当時在籍。

3

注目される教育プログラム

世界の教育改革

この節では、未来を見据えた教育のあり方を提言しているプログラムに着目し、主体的に学習に参加して問題解決に取り組む人材を養成する事例を取り上げます。もちろん、**【家庭での応用】**にも触れているので、参考にしてください。

1990年代イギリスでは、新自由主義政策、競争社会、弱者切り捨て、高失業率の問題を抱え、教育も荒廃していました。そのような中、イギリスの最優先課題は「エデュケーション（教育）、エデュケーション、エデュケーション」であると訴え、国民の支持を得て誕生したのが、労働党のブレア首相です（1997年5月）。その政権下で2002年に中等教育に〝シティズンシップ教育〟が導入されました。

〝シティズンシップ（Citizenship）〟は、日本語では、〝市民性〟と訳されます。〝市民性〟とは、市民としての資質と力量のことであり、市民としての役割を果たす力を育むための教育が〝シティズンシップ教育〟です。イギリスの中等教育でのねらいは、次のように言われています。

生徒が社会に対する幅広い知識と理解を持つだけでなく、自分の意見を表明するために異なる種類の情報ソースを使用できること、学校や地域社会の活動に参加し、個人での活動、集団における活動の中で自らの責任を発揮できることなど

（奥村牧人「英米のシティズンシップ教育とその課題」『総合調査「青少年をめぐる諸問題」』国立国会図書館、２００９年）

フランスでは「１９９０年代後半、伝統的に行われてきた『知識の教育（instruction）』中心から『人間教育（éducation）』中心への改革が著しく進展している」、ドイツでは「『連邦・各州教育計画研究助成委員会』による、モデル実験『民主主義を学び、生きる（Demokratie lernen und leben）』が２００２年から5年間計画で開始され、２００４年には13州において約２００校の基礎学校、中等学校および職業学校がこれに参加している」というように、ヨーロッパにおいては「それぞれの国が、市民性教育の取り組みを開始している」と報告されています（武藤孝典・新井浅浩編著『ヨーロッパの学校における市民的社会性教育の発展』東

信堂、２００７年）。

シティズンシップ教育に長い伝統があるアメリカでも「近年、州や学校区が継続的かつ組織的に学校のシティズンシップ教育に関与し、元来、学校が持っている市民的使命（civic mission）を再建しようとする気運が高まっている」（奥村牧人、前掲論文）と指摘されているように、世界各国で今、未来を担う若者の教育の内容が大きく変わろうとしています。

わが国においても、ニートと言われる、働くことや就職のための学びから遠ざかっている若者の増加、社会的無力感や、投票率の低下をはじめとする政治的無関心さは深刻な問題となっています。将来を担う世代に、社会的責任、法の遵守、地域やより広い社会と関わることを教えなければ、将来の日本の存続も危ぶまれます。社会に積極的に参加し、責任と良識ある市民を育てることは、諸外国と同じように、喫緊の課題になっていると考えられます。

社会や大人と関わる「市民性学習」

既に注目されているシティズンシップ（市民性）教育は、世界的にさまざまな広がりを見せています。日本でも、教育機関やＮＰＯ法人などが推進しており、教育現場で実践されるほか、セミナーが開かれたり、書籍が発行されたりと、その手法は数多くあります。その中から一例として、ある私立中学校の実践を紹介します。

立教池袋中学校・高等学校の高野利雄教諭（当時）は、２０００年3月にカナダでのピア・サポートの研修、同年5月にイギリスのロンドンでCitizenship Educationを見学し、〝コミュニケーショントレーニングを学び、世界を見据えることのできる力〟や〝人権を尊重し、今の社会にどんな問題があり、どう解決していくかを考え、実践できる力〟を育てる必要があると確信しました。ちょうど、立教池袋中学校が高等学校を併設して6年制に切り替わり、２０００年度にはじめて高校1年生を受け入れるということで、新しい教育として、２００１年6月から〝市民性学習〟を導入しました。

高野先生が実施した市民性学習プログラムは、以下の7つのステージから成り立っています。

1 自分を見直す（生育歴を振り返る。ミニ内観によって出会いを振り返る）
2 対人関係の体験（適切な自己表現と良い聞き方を知って活用する）
3 対立の調停（仲裁の過程を知って活用する）
4 小集団での役割と責任（リーダーシップと協働のあり方を知って活用する）
5 解決課題に取り組む（解決課題について調べ、討論し、解決のために活動している方にインタビューし、それらをプレゼンテーションする）

6　地球市民として考える（世界規模で活躍している方による問題提起の講演を聞く）

7　グループアクティビティへの参加（解決のためのグループ活動をする）

実践の内容は、まず、〝自分の身体の成長を振り返ること〟と〝これまで世話になった人を思い出すこと〟で自分を見直します（「1 自分を見直す」）。

次に、「2 対人関係の体験」です。3人1グループに分かれ、ロールプレイで、自分の話を聞いてもらえない体験、話を熱心に聞いてもらう体験をします。ねらいは〝良い聞き方〟を知ることにあります。どういう聞き方をされると話しやすいか、わかってもらえたと思うかを体験的に学習し、実践力をつけていきます。生徒は「これは、話し手がどういう聞き方をされると、いい気持ちで話せるかということを考えた学習でした。見た目は簡単そうですが、聞き手はつねに話し手が自分に何を伝えたいか考え、更に相手が話しやすいように、あいづちを打ったりなど、いろいろ相手の事を考えなければならないため、結構大変なことでした」と感想を述べています。中には「僕はずっと相手の事を無視し続けていたことがある」と反省し、泣き出す生徒もいたそうです。

「3 対立の調停」は、3人1グループの中で2人が対立し、もう1人が調停役となります。ここでは、対立の理由を整理する⇓当事者の気持ちを明確にする⇓解決策を探す⇓解決策決定⇒解決策実行、といった調停のプロセスをロールプレイで体験します。後に生徒から、「部活で下級生が対立しているときとても役に立った」「二人だとなかなか仲直りできないけれど、第三者が入るとうまくいくことがわかった」など、実生活に直結した気づきがあったようです。

「4　小集団での役割と責任」では、5～6人のグループになり、与えられた課題を解決するためのディスカッションを行います。このグループには、リーダーが1人、協力者が2人、妨害者が1人、残りの人が消極的な人というように、それぞれ役割が与えられています。その役割にそって話し合い、グループとしての結論を発表します。与えられた役割をしていたときに、どのような気持ちだったかも振り返ります。

その後、良いグループとはどのようなグループか、良いリーダーやメンバーにはどのような特質があるかについて話し合います。このように、良いグループづくりやリーダーの特質について、学年全体が考える機会を持つことは、その後のクラスづくり、学校づくりに大きな効果をもたらします。

以上のように、自分に向き合い、目の前の人を大切にするワークを体験した後に、いよいよ「5　解決課題に取り組む」ことになります。このステージでは、生徒たちに「今、君たちが解決課題と聞くと、どのようなことだと思うか」と聞き、考えをたくさん出して整理し、そこから1つ選びます。そして、1グループ10人くらいで解決課題について調べ、インタビューに出かけます。今までの例では、障害者、感染症、少年犯罪、医療ミス、外交、ワールドカップ、イラク戦争、憲法第9条などの問題を扱いました。そうした問題の解決に取り組んでいる大人に出会ってインタビューをするのには意図があるそうです。立教池袋は完全6年制の学校ですから、中学校からまわりの友達はずっと一緒です。そうした特別な集団の中で6年も学校生活をともにする彼らは、非常に狭い世界しか知りません。「これではいけない」と髙野先生は考え、このワークを大切にしていると言います。生徒たちが、実際に解決するための活動をしている人たちへインタビューをすることで「そういう大人がいるってことを知って、大人を信じていいと思えた」という感想が毎年あり、このプログラムを続けたいと強く思ったのだそうです。

5を締めくくるプレゼンテーションの準備は大変ですが、生徒たちは伝えたいことは何か、どうすればわかってもらえるかを、興奮した思いでまとめていきます。当初は模造紙での発表、寸劇、マイクなしでの訴え、プレゼンテーション会場への呼びかけなど、さまざまな工夫がありました。2006年度にはすべてのグループがパワーポイントを使っての発表になったそうで、社会の急激なIT化も反映されています。

それから「6 地球市民として考える」として、留学生とのシンポジウムや国際舞台で活躍している講師を招いて講演会を実施し、学年全体の1週間にわたる授業は終了します。

さらに、髙野先生は市民性学習で一人ひとりに芽生えた〝相手への関心〟〝解決課題への関心〟、そして〟世界への問題意識〟などを一層伸ばそうと、有志を募集してグループ活動を推奨してきました。それが「7 グループアクティビティへの参加」です。例えば、チェルノブイリ子ども基金への協力活動、フィリピン薬品支援ボランティア活動、校内でできるピア・サポート活動などのリストを配布して参加を呼びかけることで、市民性学習を今度は生徒たち自身で進めてもらいたいと願ってサポートしてきたそうです。

髙野先生は「本校の市民性学習とは、人と人との関わり合いの中で人間形成をやっていく、というプログラムです。インタビューを通して、生徒たちが考える解決課題が、社会で放置されているわけではないと知ることは、大変重要だと思っています。市民性学習では、人と関わり合いながら実際に体験していく中で、その問題解決を探り、社会や大人と関わって体験していくプロセスを大事にしているのです。このことは社会創造力につながります」と述べており、今の日本の教育にぜひ取り入れたい教育プログラムだとの強い思いが感じられます。

たしかに、欧米での「シティズンシップ教育」は、競争社会によって個が突出してきたことや格差社会が目立ち始めたこと、地域社会のコミュニティの崩壊と市民の協働の機会の喪失、若者の政治への無関心、学校教育現場で起こっているいじめや体罰、保護者や生徒と教師との信頼感の欠如など、複層的な課題を抱えた現実の中から起こってきました。日本で行う場合でも、未来の国際社会を生きていく子どもたちに伝えておくべき、丁寧なコミュニケーション力、一人ひとりの役割と責任、世界的規模での考え方、問題解決の仕方やプレゼンテーション能力など、大切なメッセージが含まれています。

【編集協力：立教池袋中学校・高等学校（東京）髙野利雄元教諭】

【家庭での応用】

社会の一員として生きていくには、丁寧な会話をすることが基本となります。それを子どもに教えるには、まず親が子どもの話をしっかり聴くこと、そして、相手を尊重しながら自分の考えを伝えることです。また、広い世界を知ってもらうには、家庭でも日常的に、社会に関わる話題を提供しましょう。食事の後などに、その日のニュースについて話し合ったり、働くことの厳しさを親が自らの体験で語ったりすればよいと思います。そのような親の姿勢と社会に関する話題によって子どもたちは社会に目を向け、将来への準備が始まるでしょう。

仲間との協働作業「プロジェクト アドベンチャー」

かつて子どもたちはみんなで集まって、山や川や原っぱで日が暮れるまで遊んでいました。ただ夢中になっていた「遊び」が、どうやら子どもたちの心を育てていたということとが最近わかってきました。遊びの中で泣いたり笑ったり怒ったり、さまざまな体験を経て、やがて仲間への信頼感が生まれてきます。

（プロジェクトアドベンチャージャパン・パンフレットより）

子どもたちの心を育てるために、宮城県、高知県、秋田県、埼玉県などの教育委員会や私立・公立の小・中・高等学校、そして大学教育、野外活動、教員研修、企業研修などにも幅広く活用され、効果を上げている指導法がプロジェクトアドベンチャー（以下ＰＡ）です。

ＰＡは１９７１年にアメリカのマサチューセッツ州の高校で生まれました。日本では、１９９５年にプロジェクトアドベンチャージャパン（以下ＰＡＪ）が創設され、教育現場を中心に普及活動をしています。ＰＡＪ事務局の阿部有希氏はＰＡの概要について次のように語っています。

ＰＡでは、お互いが尊重し合い、安心できる環境を子どもたち自身が作っていく中で一人ひとりの成長を目指しています。そのようなクラスの場をつくるために、アドベンチャーの要素と楽しいアクティビティを使用しています。仲間と一緒に課題に取り組み、みんなの知恵を出し合い難しい課題を乗り越えて達成感を味わったり、自分を支えてくれる仲間の存在を感じながら、ときに自分の限界を超える挑戦をできる環境を作っていきます。体験したことを実際の生活で生かしていけるように〝振り返り〟を大切にしています。

ＰＡのプログラムは、ロープスコースという丸太やロープを使った専用施設を用いて設定しています。現在では全国の自然の家、大学、学校の体育館などに60コース以上作られています。さらに、ロープスコースや大自然でなくてもアドベンチャーの要素を簡単に教室の中で生かすための提案も行われ、広がりを見せ始めています。全国の小・中・高等学校でトレーナーとして活躍しているＰＡＪの寺中祥吾氏に、教室でのねらいや効果について尋ねたところ、

① 子どもたちが楽しくクラスにいられるようになる。→安心できる環境で物事に積極的に関わり挑戦することで、人は成長できる。

② 「居心地のよいクラスは自分たちの手でつくる」ということを体験的に学ぶ。→よいクラスづくりを自主的にするようになる。

③ よいクラスをつくることが第一の目的ではなく、一人ひとりが成長するための挑戦ができる場としてのクラスを作っていくこと。

という3点を指摘しています。この考え方は、安全で安心できる教室づくりが、学習効果を上げることにつながるのと軌を一にしています。

教室や体育館、校庭でできるアクティビティはたくさんありますが、その一部を紹介しておきます。

〈パイプライン〉

7～8人のグループで縦半分に割ったパイプを各自持ち、ピンポン玉やゴルフボールなどをリレーしてゴールまで何個運べるかに挑戦。

〈エブリボディアップ〉

最初、2人が向かい合って座ります。両足のつま先を接するようにして両手をつないで、同時に立ち上がります。次に4人組、8人組でも同じ動作に挑戦です。3人組、5人組の奇数人数でもOKです。

寺中氏は、アクティビティ実施上の留意点について、次のように説明しています。

①体を使った活動を大切にする。体を使って関わることで、お互いの関係が近くなる。また、体を入り口にして、頭（思考）、心（感情）が動き出す。

②クラスや個々の状態に合わせたアクティビティを選び、楽しむこと。まずはクラス内のコミュニケーションの絶対量を増やすことが大切。気づいたらいろんな人の名前を呼んでいたり、言葉を交わしていたり、体を支えていたりということを目指す。

③失敗してもよい雰囲気を作る。失敗を楽しむ。失敗の繰り返しの中で達成を目指す。学校で伝統的に行われてきたゲームは「失敗しないこと」を動機づけにしたゲームが多く、盛り上がったように見えても、「失敗してはいけない」という思いを強化してしまう。

④アクティビティを楽しく行うことは、クラスをあたため、関係を作るには役立つが、あくまで準備段階に過ぎない。

⑤失敗したり、人とぶつかったりできるようになった段階で行うアクティビティは難易度が高く、簡単には達成できないものである。その中で、うまくいかないことや人と

折り合いのつかないことも経験する。

⑥　このような経験を何度も繰り返す中で、他人や出来事に向き合って壁を超える経験、試行錯誤の場づくりができることがＰＡの大きな強みである。

アクティビティの他に、「ビーイング」を使った、クラスの規範づくりも大きなＰＡの特色です。「ビーイング」とは、安心できるクラスをつくるために、クラスの規範を自分たちでつくるツールです。模造紙に「自分たちが安心していられるクラスにするために、自分はこんなことができる、他の人にはこんなことをしてもらいたい」ということをみんなで書き出していきます。先生や学校から渡されるルールではなく、自分たちに必要な規範を自分たちでつくり、クラスという集団の変化に合わせて、つねに作りかえていきます。大きな模造紙に書かれた「ビーイング」は教室に貼り出され、いつも確認され、活用されるのが理想です。

ＰＡの体験の後、気づきを促すために〝振り返り〟を行います。具体的には、仲間と一緒にアクティビティに挑戦し、どんなことが起こっていたのか、成功した場合は何が良かったのか、さらに改善できるところがないかなどを話し合います。また、うまくいかなかった場合はどうしてうまくいかなかったのか、次に挑戦するときは何を工夫すればいいかなどをみんなで議論し、考えていきます。このプロセスを経験することで、一人ひとりの生徒とクラスという集団は成長していきます。
最後に寺中氏は、次のように話しています。

PAにおける学びの特徴は、〝気づき〟です。一人ひとりのタイミングで生まれた〝気づき〟は、別の場面にも応用できる実践的な学びとして身につきます。私たちの役割は、この〝気づき〟が生まれやすい環境を整えることです。

このPAの活動は、子どもたちが仲間と協力し、課題や困難を乗り越えていく機会を演出します。教室でも気軽に取り組め、大きな効果を生む可能性を秘めた実践です。

【編集協力：株式会社プロジェクトアドベンチャージャパン　寺中祥吾氏、阿部有希氏】

【家庭での応用】

「ビーイング」を家族で作ってみましょう。大きな模造紙に家の形を書いて、そこに家族で大切にしたいことを書き込みます。例えば、「けんかはしてもいいけど、落ち着いたら話し合う」「声をかけたら反応する」「手伝ってほしいときは言葉で伝える」「夕食はみんなで摂る」といったことです。そして、家族全員で自分たちで書いたことについて話し合います。また、家庭でできるアクティビティもたくさんあるので、簡単で安全なものを選んで取り組んでみるのもいいでしょう。

お互いを大切にする気持ちが育つ「タッピングタッチ」

心と体の健康や信頼関係が促進される、簡単なスキンシップがあります。「タッピングタッチ」というものです。私も何度も体験しましたが、たったの15分で身も心もゆったりとして、疲れが取れていく快感が忘れられません。また、相手をいとおしく感じ、大切な存在となっていきました。たとえれば、海の上に浮かんで波に身体を任せて、その波までを愛でるイメージでしょうか。日常の煩雑な俗事や雑事をしばし忘れた素敵な時間でした。

この「タッピングタッチ」の認定インストラクターでもある、自由学園の更科幸一教諭に詳しく紹介してもらいます。

豊かであたたかい心を互いに育みあう教育実践

自由学園男子部中等科・高等科（東京）副部長　更科幸一

人に大切にされ、人に愛されたい。人を愛し、人を大切にしたい。そんな思いは誰もが心の奥深いところでつねに求めていることです。人が社会を生き抜くときには、自分と他人、自分と社会、それらの関係を良くすることが大事です。そのためには「思いやりの心」が育まれていることが必要です。近年、ハーバード大学の教育大学院長をはじめ世界・各界のリーダーが同様に〝エンパシー〟（共感）の重要性を唱えています。

しかし、学校教育では、〝点数化されない力〟は重要視されず、教師や親はそれらの力を育てる機会も方法も少ないのが現状です。核家族化が進み、社会教育力が低下している現代において、私たちはどの様にして思いやりの心を育めば良いのでしょうか。

タッピングタッチはそんな社会・教育にある問題を、人がケアし合う基本的なことから解決する一つのケアの手法と言えると思います。

タッピングタッチとは、1999年に臨床心理学者の中川一郎氏によって開発されたものです。指先の腹のところを軽く弾ませ、左右交互にやさしくリズミカルにタッチすることを基本とした、シンプルでホリスティック（総合的）なケア手法です。肩甲骨のところからスタートして腰、肩、二の腕そして頭などを軽くタッピングしていきます。10〜15分で交代し、ケアし合います。とくに専門的な技術や知識などが必要ないので、子どもから高齢者まで、いつでもどこでも誰とでも行うことができます。副作用もないため安心して誰もが行うことができます。

タッピングタッチには大きく分けると**身体的効果**、**心理的効果**、関係性の効果の3つがあります。

身体的効果は体の緊張がほぐれ、リフレッシュし、身体的ストレス症状が軽減することです。また痛みや不快な症状の軽減効果もあるため、看護や介護の現場での利用も広がっています。

心理的効果では、不安感や緊張感が減り、肯定的な感情が増え、否定的な感情が減ることが挙げられます。これらの効果は、タッピングタッチによって、脳の血流が良くなり、セロトニン濃度が上がることとも関連していることが、東邦大学医学部との共同研究でわかりました［図-1］。タッピングタッチをし合った人たちのセロトニン濃度の数値が上がっています。セロトニンは脳内ホルモンであり、欠乏するとうつや不安症になりやすくなることが知られています。

タッピングタッチの効果に関して、自由学園の生徒たちを対象に調査を行いました。約

200人の生徒たちにタッピングタッチをし合ってもらい、POMSという心理尺度を使って、感情への影響を測定しました。その結果をレーダーチャート［図2］にまとめましたが、ネガティブな感情が減っていることがよくわかります。日常の学校や家庭での生活で疲れがたまっていたり、ストレスを感じていても、タッピングタッチでお互いを思いやることにより、前向きな気持ちになれるのでしょう。

関係性の効果はタッピングタッチをし合う2人はもちろんのこと、その場の雰囲気が温かく穏やかなものになるというものです。落ち着きなく行っている生徒も、数分すると落ち着きを取

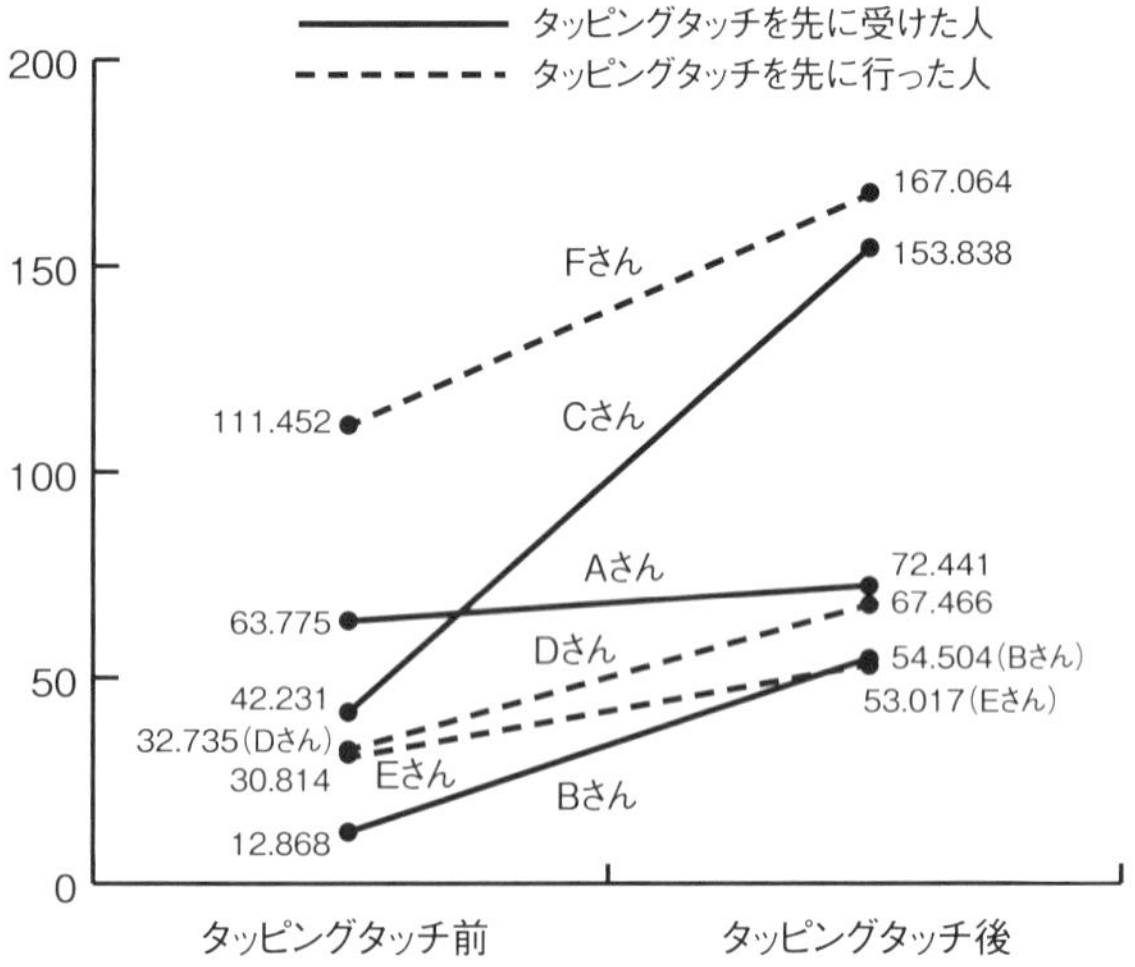

図1：タッピングタッチよる尿中セロトニン濃度の変化

り戻し、相手を丁寧にタッチしています。ケアし合う体験を通して、傷つけることよりも大切にし合う喜びを理解し、平和な社会の必要性を自然な形で感じることができます。

人が心の奥で求めているものを改めて感じることができました。タッピングタッチをしてもらった人が、はじめに感じるのは人の手の温かさだと思います。それは「温かさ＝ぬくもり」となるのだと感じています。ぬくもりは人を安心させたり、支えになったりします。それは年齢や性別、そして性格も関係ないことをタッピングタッチ

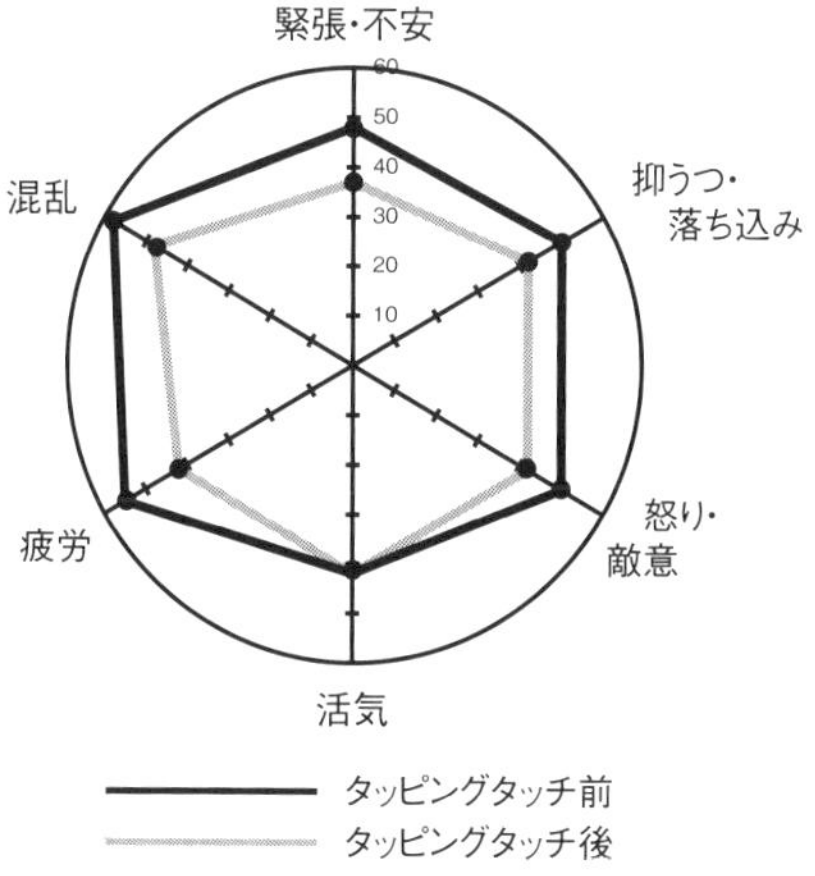

図２：POMS 短縮版平均レーダーチャート

の体験を通じて感じることができました。

これは、体験した生徒の感想ですが、多くの生徒が同様の感想を持ちます。教科書では学ぶことのできない大切な学びがここにあると感じます。

教育以外の分野では、新潟県中越地震やスマトラ島沖地震（いずれも2004年）の震災支援として役立てられました。さらに、東日本大震災以降はとくに注目が集まり、被災者、支援者の為のケアとして役立ちました。もちろん家族、学校そして地域など小さなコミュニティから大きなコミュニティまで自由にアレンジして行うことができます。

自由学園でも生徒同士で行ったり被災地でのボランティア活動として行ったりしています。〝支える人〟と〝支えられる人〟という旧来の関係ではなく、お互いを癒し、支え合う関係をつくることができるタッピングタッチの特性がとても有効だと感じています。大切なのは、どのようにして時間を確保するかということです。そのためには、教師たちが今の子どもたちに、どのような力をつけてもらいたいかを共有することから始める必要があります。本校では思いやる心を育みたいと先生方で共有し、始めました。何ごとも始めるには大変な苦労がありますが、生徒のためを思い、実行することができてよかったと感じています。

●タッピングタッチのやり方

①タッピングタッチをすることが決まったら相手の後ろに座ります。ちょうどお風呂で背中を洗ってあげるような感じですが、正座でも良いし椅子に座りながらでもかまいません。椅子でする場合はしてもらう人の背もたれがじゃまにならないように、背もたれが脇にくるように座ってもらいます。

②相手の首から少し下がったところの、肩甲骨の内側の辺りに軽く手を当てます。触られることが苦手な人の場合はスキップしてもよいですが、そうでなければ5秒くらいの間、手を当てて静かにします。「こんにちは、これから始めるよー」と相手の体に知らせるような感じで、ソフトに触れてください。

③しばらくタッチしてからタッピングを始めますが、手を置いていた肩甲骨の内側の辺りを、左右交互に均等にタッピングします。肩の辺りから指4本くらい下で、主に背骨をはさんだ筋肉の辺りをタッピングしてください。この辺りは基本になるとこ

ろですから、1～2秒間に左右1回ずつのリズムで、2分くらい行うようにします。

④タッピングのコツとしては、軽やかに太鼓をタッチする感じで、できるだけ力を抜いて軽くタッピングします。肩たたきのつもりで、力を強くしないように気をつけます。〝楽しく、軽やかに、心地よく〟がキーワードです。

⑤しばらくタッピングできたら、背骨の両脇の筋肉をタッピングしながら、徐々に下りてきます。肩から腰の辺りまで、30～60秒くらいをめどにすると良いと思います。この辺り（とくに背骨から指の幅2本分外側）には上から下までたくさんのツボが並んでいるので、全身の健康促進にも効果があります。

⑥背中の半分ぐらいまでくると、やりにくくなるので、相手の後ろに立って、ゾウの鼻のように、腕をぶらんと左右交互に振りながら、手の甲を相手の腰の辺りにポンポンと2分くらい当てるようにします。

⑦次に肩や腕そして首と頭をタッピングタッチしていきます。首

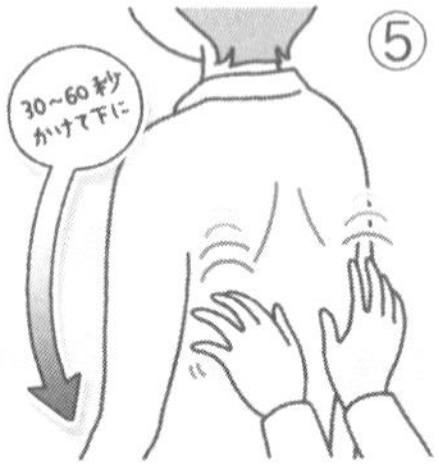

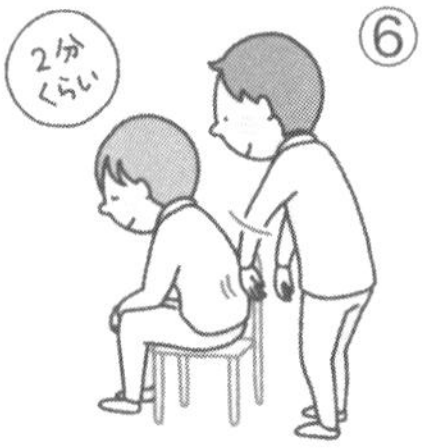

と頭は他のところよりも繊細ですので、相手に「首と頭もしてもよいですか〜」と聞いてから行います。その他にもふんわりと握った手のひらの柔らかい部分で交互に触れる「猫の足ふみ」や手のひらで相手をやさしく左右交互に包み込む「コアラの木登り」というものがあります〔詳細は、タッピングタッチ公式サイト内「はじめてみよう」の「タッピングタッチ（基本形）」http://www.tappingtouch.org/?p=455 をご参照ください〕。

⑧ 一通り終えたら、相手にしてほしいところなどを尋ねながら自由にタッピングしてください。タッピングしている間、どこをどのようにタッチしてほしいかを尋ねるのも良いし、硬かったり気持ちよさそうなところを感じたら、そこを少し多めにしてあげると喜ばれます。

⑨ タッピングが終わったら、もう一度、肩甲骨の内側あたりに軽く手を当ててください。始めるときにしたのと同じですが、今度はタッピングの余韻を充分楽しめるように、少し長目に手を当てて、一緒にいることを大切にしてください（30秒くらい）。

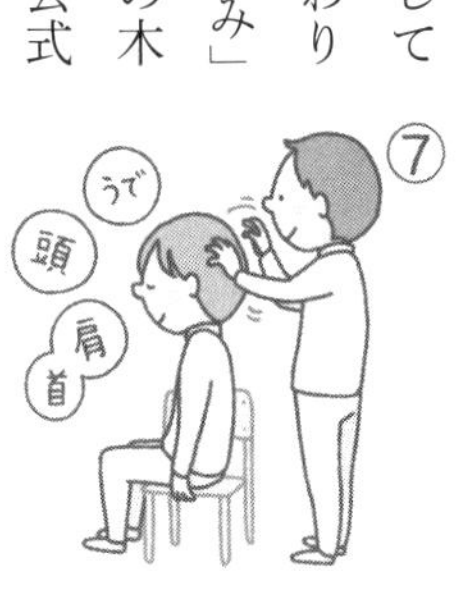

深い温かさや安堵感が広がって、とっても気持ち良いひととき
です。

⑩最後に背中や腕を上下に気持ち良く数回さすって終わってくださ
い。全体を15分くらいかけてゆったりと行うのが理想的です。
ここまでできたら、少し感想などを聞いてから、交代します。

⑩

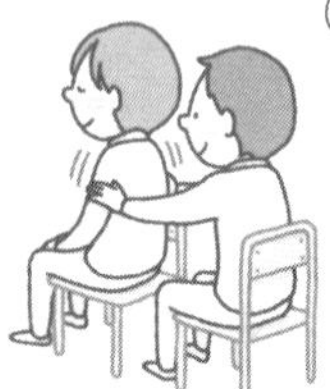

現代の日本では多くの大人や子どもが、慌しく多忙な生活を送っています。そのため、〝他者を思いやり、相手に寄り添うこと〟を忘れがちです。しかし、社会を形成していくために人は、子どものときからお互いを大切にする時間が必要です。そして、それを実践していくことが、明るい社会をつくることの一つではないでしょうか。タッピングタッチは万能ではありませんが、〝より良く生きたい〟〝楽しく生きたい〟〝人を大切にしたい〟といった、私たちが本来持っている大切な気持ちをとりもどしてくれるように思います。より多くの人がケアし合い、豊かなコミュニティが育つことが、過ごしやすく快適な国際社会をつくることにつながると思います。

【家庭での応用】

私は家庭で、ソファに腰掛けているときや椅子に座っているときなどに家族で交互にタッピングタッチをしながら、会話をすることが至福の時間になっています。その日にあったことや感じていることなどをとりとめもなく話していると、「ああ、家族がいて良かったなぁ」と実感できるのです。夫婦間、子どもたちとの間にも自然に信頼感が生まれてきます。ぜひ、試してみてください。

「プロジェクト・ベース学習」で生徒の可能性を拓く

プロジェクト・ベース学習とは、自主学習のための一方法で、生徒自身がテーマと目的を定め、その追求のプロセスを体験学習や問題解決学習によって構成するものです。千葉大学教育学部の上杉賢士教授（2002年当時）の提唱するプロジェクト・ベース学習は、ミネソタ・ニュー・カントリー・スクールによって21世紀の学びに合うように改良されたもので、自分の最も興味や関心のあるテーマについて、価値・ゴール・プロセスの検討などを含む企画を立て、それに沿ってテーマ追究を行っていく学習法です。

上杉先生は著書『プロジェクト・ベース学習で育つ子どもたち』（上杉賢士・市川洋子、学事出版、2005年）の中で次のように述べ、主役である子どもたちを置き去りにした教育政策に警鐘を鳴らしています。

わが国の教育は、相当に困難な問題に直面し、混乱の中にある。不登校が12万人を超えるという事実を前にして、それでも「学力向上」にムチを入れようとしている

プロジェクト・ベース学習を日本の教育に取り入れれば効果が上がると確信を持った上杉先生は、日本での実践校をさがしていたとき、当時、私が校長をしていた京北学園白山高等学校と出合いました。一方当校では、生徒たちの自尊感情の向上、キャリア教育、勉強へのモチベーションを高めることを目的として、千葉大学教育学部附属教育実践総合センターの教授たちによる、「授業は、こんなにおもしろい」や、「明石要一教授と門下生の大学の『卒論』がやってくる」というテーマの授業を行い、「大学で、どんな勉強をしているのか」を生徒たちに実感してもらう企画なども積極的に取り入れていました。しかし、その場限りの授業には限界がありました。さらなる学習への興味づけ、効果的なグループ学習、プレゼンテーション力の育成といった、継続性のある取り組みを模索していたところにちょうど、プロジェクト・ベース学習を知ったのです。この学習によって生徒たちは、自分の可能性に自信を持ち、将来

の進路への展望や希望を抱くようになりました。
具体的な手順は次の通りです。

1 テーマ決定（6月）
生徒各自が自分の夢中になれるテーマを選ぶ（実例はp.226参照）。やりたいテーマが重なったらグループで、単独のテーマはひとりでと、取り組むメンバーも自由。
2 学習企画書の作成（7月）
選んだテーマに基づき、夏休み前に、上杉先生が当校向けにアレンジしたプロジェクト・ベース学習企画書を仕上げる（p.227〈プロジェクト・ベース学習企画書の記載項目〉参照）。
3 調査・まとめ（7～1月）
夏休み中に各自で調査を開始。それぞれのグループに担当の先生が割り振られ、生徒の相談にのる。学年所属の担任団と教科の教員が協力し、各授業の一部やホームルーム、放課後などを利用して生徒とともに取り組む。調査が終わった生徒から、プレゼンテーションの準備に入る。
4 プレゼンテーション（2月または3月）

「プロジェクト・ベース学習プレゼンテーション」の日が設定され、生徒・教師・父母・上杉先生と研究生および報道陣の前でプレゼンテーションが行われる。

プロジェクト内容はさまざまです。ある年度は次のようなテーマ、タイトルがありました。

○スポーツ……大相撲研究、サッカーの歴史
○文化……サザン秘密解明計画、ドラえもん研究
○個人的関心……友達を作る方法、貧血対策、テストの点数アップ
○環境問題……東京都のゴミ問題、町の美化
○部活動……インターハイ予選で勝ち残る
○自分の進路……プロサーファーになる準備、医者になる準備
○生活……害虫ライフ、カレーの作り方とスパイスの効能
○社会……銃犯罪

学習企画書には、次の項目をまとめていきます。

〈プロジェクト・ベース学習企画書の記載項目〉

1．プロジェクトのタイトル。
2．このプロジェクトを（　　）時間進めて、どういう状態になれば完成といえますか。
3．このプロジェクトは、あなたの生活や人生にどのように役立つと思いますか。
4．このプロジェクトは、あなたのまわりの人や社会にとってどのように役立ちますか。
5．このプロジェクトを完成させるために、あなたがやらなければならないことは何ですか。プロジェクト名を中心にして連想を働かせ、思いつくままにできるだけたくさん書き出してみましょう。
6．前で考えたことを整理します。特に大切だと思う活動を取り出し、どんな順番で行えばよいかよく考えて、活動の計画を立てましょう。
7．このプロジェクトを進めるにあたって、「実在の人」と「パソコン」を情報源としなくてはなりません。上の活動計画のどこで、どのように活用しますか。
8．このプロジェクトを進めることによって、どのような力がつくと思いますか。思いつくままに書き出してみましょう。

（前掲書より抜粋）

この学習は「3 調査・まとめ」に長い時間をかけます。このとき教師は調べ方などの相談にはのりますが、内容に関しては助言せず、すべて生徒たちに任せて見守ることが大事です。生徒の調査の仕方や内容はバラエティに富んでいます。どう取り組んだかの例を紹介します。

私は、「ブレイクダンスの研究」をテーマにした6人のグループを担当することになりました。昼休みに校長室の応接セットを片づけて、部屋の真ん中で音楽に合わせて踊るのですが、頭でくるくる回ったりと本格的な練習が続けられました。9月、10月には、放課後に渋谷へブレイクダンスを踊りに行くのを引率しました。他のグループも、消防署へ取材に行ったり、陶器の窯元を見学したり、少年法について弁護士から話を聞いたりと、放課後を使っていろいろな活動をします。

また、学校での授業としては週に1回2時間、英語や社会、国語といった教科の授業と連動することもあります。例えば、国語の時間に図書館で調べ学習の方法、情報の時間にプレゼンテーションの際のプロジェクターの使い方など、みんなが共有できることを学びます。

プロジェクト・ベース学習によって、子どもたちは大きく成長しました。例えば「クサガメを100匹に増やす方法」というプロジェクトに取り組んだT君は、自然界における種の存続と保全について考えました。「クサガメの生物学的特徴」「交尾の方法」「飼育法」「人工孵化の方法」「病例」などについて調査し、皆の前でプレゼンテーションを行いました。彼はその調査をもとに毎日新聞社の環境問題に関する論文コンクールに応募したところ入選し、ドイツに招待されたのです。大学でもその問題に取り組み、今度は中国に大学から派遣されるに至りました。現在、社会人となって企業に勤務しているT君ですが、在学中のプロジェクト・ベース学習の授業で、課題追究の仕方、学ぶことの楽しさ、プレゼンテーション力を身につけたと語っています。

その他にも、ひそかに校外の作文コンクールに応募する生徒がいるなど、ほとんどの生徒が積極性、自主性、挑戦する気持ちなどを持ったようです。また、個性的な発想をプロジェクト学習で開花させたことにより、自己肯定感を獲得し、何を学ぶかという目的を持って大学進学を目標にできた生徒もいました。この学習を始める前は25%ぐらいであった大学進学率も、約70%まで飛躍的に伸びました。このように、その効果には驚くべきものがありました。

生徒たちは、高校生になるまでにさまざまな経験をしてきています。強い人や実力のある人などと比較され、「自分はたいしたことない」とか「私ってダメなやつ」など、自分自身にマイナスのレッテルを貼っている生徒もいます。自分の一番やりたい好きなことを仲間と協力してとことん調べ、多くの聴衆の前で発表する機会を持ったことが、それまでのレッテルをはがし、「自分だってやればできる」という自信をもたらしたのです。プレゼンテーション力や社会性が身につくとともに、自分の進路を考える端緒ともなった学習でした。

プロジェクト・ベース学習の効果は、次のようにまとめられます。

1 生徒の学習意欲を高める。
2 教科の横の連携ができる。
3 生徒と教師の距離が近くなる。
4 実社会とのつながりが生まれる。
5 プレゼンテーション能力が磨かれる。

この学習で学んだことは、その後、大学や社会へ進んだときに役立つのです。どこの学校でも使える効果の高い学習法です。

【編集協力：京北学園白山高等学校（東京）杉原米和副校長】

【家庭での応用】

子どもたちには、それぞれに興味を持ったり、夢中になったりするものがあります。それをさらに徹底的に調べる→調査に出かける→まとめる→発表する場を作る、などを家族全員でやってみてはいかがでしょう。お盆やお正月、クリスマスといった、親戚が集まる日の出し物として、発表の場を設けると大人も目を細め、大いに盛り上がると思います。調べる方法や調査の手順など、学ぶことがたくさんあります。この体験は、のちのち学習する場でも応用が効きます。自分でやったという経験は、子どもたちの大きな自信につながります。

おしゃべり・立ち歩きOKの「アクティブラーニング」

今、欧米で広がりを見せている教育スタイル〝アクティブラーニング〟は、日本でも注目され、多くの大学で導入が進んでいます。中央教育審議会も次の答申を出しています。

> 従来のような知識の伝達・注入を中心とした授業から、教員と学生が意思疎通を図りつつ、一緒になって切磋琢磨し、相互に刺激を与えながら知的に成長する場を創り、学生が主体的に問題を発見し解を見いだしていく能動的学修（アクティブ・ラーニング）への転換が必要である。
>
> （『新たな未来を築くための大学教育の質的転換に向けて』２０１２年８月28日）

中学校・高校でも、教育方法の転換を模索している学校が多くあります。なぜ今、教育方法の見直しが求められているのでしょうか。それは、将来、お互いの意見を出し合い、相手の話を理解し、自分の考えも明確に表現していくことが必要とされるような国際社会になると考えられているからです。主体的に行動できなければ、生き抜いていけない社会がすでに身近に迫っているのです。

これまでの日本の教育では、教員が与える正解を生徒が受け入れるだけの〝受身的な学習〟でしたが、これからは、生徒が自ら正解を探す〝能動的学習〟スタイルを教育手法の中心に据えた授業が学習効果を上げるために重要になります。〝能動的学習〟とは、授業を受ける生徒の〝参加型授業〟であり、生徒一人ひとりが自ら考え・参加する形式で、「学習した！」という実感が容易に持てる授業です。

２００７年度から大胆にアクティブラーニングを自らの物理の授業に取り入れ、実績を積み上げてきた埼玉県立越ヶ谷高等学校元教諭の小林昭文先生は、「私の物理の授業は65分間。そのうち私の説明は10数分。大半は生徒同士の自主学習です。それでも生徒の理解度と進度は保持できています」「授業中の態度目標は、しゃべる、質問する、説明する、動く、チームで協力する、チームに貢献する、です。黙ってじっとしていたり、黙々とノートをとっていたりするのは悪い授業態度です」と今までの授業の常識をひっくり返すような発言をしています。

生徒からは、「授業なのにしゃべっていいんだとまずそこに、びっくりしました」「自分の実力が伸びたと感じた授業は初めて！」「友達に教えることで、もっとよく理解できた」「自分の将来に生かせる授業って気がする」「自分たちで考えたので、根本から理解できた」など、支持する感想が寄せられています。

現実に効果は表れました。小林先生が越ヶ谷高校に赴任した当時、物理受講者は少数であったのに、この授業になってからは人気科目になったそうです。アクティブラーニングを実施する前と後では、受講者数と偏差値がグラフのように飛躍的に伸びました。生徒のやる気を呼び起こし、成績アップにつながったことがわかります。

どういう授業なのでしょう。以下のプロセスとなります。

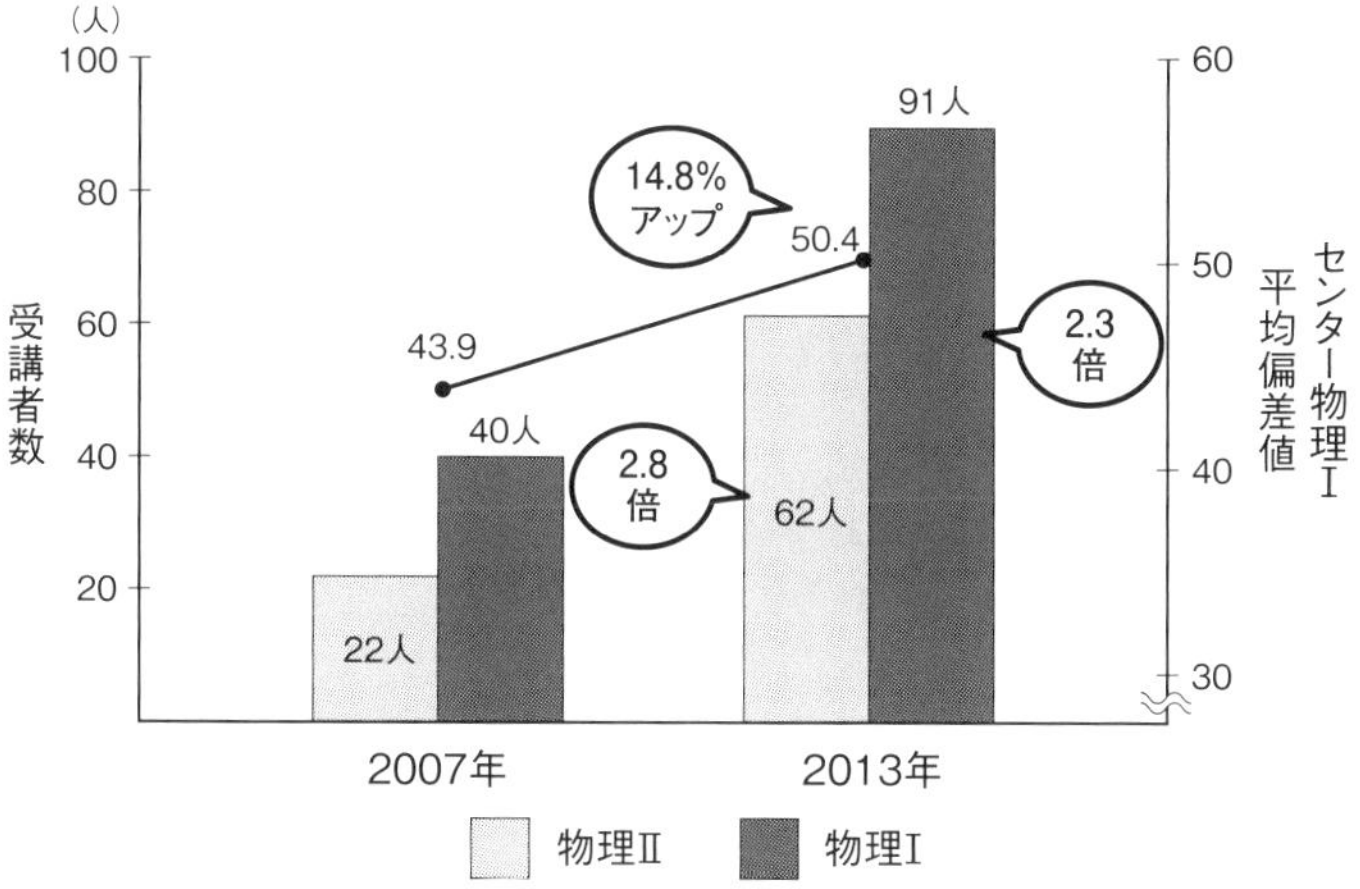

受講者数と偏差値の推移

1　教師より学習内容の説明（15分間）

①パワーポイントによるスライド→板書なし、ノートなし

②スライドに合わせたプリント配布

③インタラクティブ・インストラクション（双方向のやりとりを重視して講義を行う）

2　問題演習（35分間）

①「問題プリント」と「解答・解説プリント」を配布→席は自由。おしゃべり、質問、移動、立ち歩きＯＫ

②ピア・ラーニング（生徒同士の話し合いによる問題演習）

3　振り返り（15分間）

①確認テスト→全員１００点が目標

②採点は交換して行う

③リフレクションカードの記入・提出

文系の私も小林先生の授業を受けてみました。物理と聞くだけで「ムリ、ムリ」と高校時代から避けてきた分野です。授業は60人くらいの現役の教員たちが対象でした。

1 教師より学習内容の説明（15分間）

〈テーマ〉

ドップラー効果

〈目標〉

○ 最後の確認テストで、参加者全員が１００点をとること。

○ ドップラー効果の理解と計算方法の習得。

○ 波を出している物体が動いたときにどんな形の波ができるかがイメージができれば成功。

〈講義〉

パワーポイントの内容を配付して説明する。

① ドップラー効果がどんな事象かを知る。

② 実験道具を使って、音の聞こえ方を体感する。

③ 波についての基本的な知識１：水面に広がる波、地震のP波・S波、音波、光波。

④ 波についての基本的な知識２：波長（振動数）、振幅、速さの３つの要素。

⑤ 物理的な視点から、ドップラー効果の原理を理解する。

⑥ 公式の考え方を理解し、波長や振動数を計算する。

⑦ 応用：スピードガンの仕組みとビッグバン理論を理解する。

２　問題演習（35分間）

グループワーク。練習問題４題をみんなでワイワイガヤガヤ話し合って解く。何も見ないで図を描いたり計算式を書いたりして解けるようにするのが目標。

◎川合の場合：四苦八苦している私に、問題を解き終わったメンバーが、救急車を例にして、図を描きながら３人がかりでしてくれた説明に得心がいきました。そして、問題を解いてみると、簡単にできるではありませんか。これは、感動的な瞬間でした。

３　振り返り（15分間）

〈確認テスト〉

センター試験レベルの穴埋め文章問題と計算問題を解き、グループ内で交換して採点する。

◎川合の場合：もちろん１００点です。若い仲間は、採点後きれいな花まるを描いて、「おめでとう！」と言葉を添えてくれました。

〈リフレクションカードの記入・提出〉

授業を振り返り、仲間と協力して学ぶ意義や１００点をとれた自信を確かなものにしておくことと、教師の授業改善を目的とした質問項目に回答する。

◎川合の場合

質問Ａ：どんな風に話し合えましたか？→よく理解できている人が、私のようにとまどっている人に丁寧に説明をし、全員で100点を取ろうと励ましてくれました。
質問B：わかったこと・わからなかったこと→自分は計算が苦手だと思っていましたが、仲間のおかげで理解できました。しかし、仲間がいないときに応用できるかは不安です。
質問C：感想・意見など→物理嫌いの私が、100点をとったことは奇跡だと思いました。苦手意識が払拭できそうです。

以上の流れでした。
このような授業では、教師の役割も従来とは、大きく変わります。

〈教師の役割〉
1 ルール、目標を提示する
2 コンテンツよりプロセスを重視
3 安全・安心の場をつくる
4 生徒の自主性を促す

〈教師の働きかけ〉
1 質問中心
2 気づき（リフレクション）を促す
3 全体、グループ、個人に対して適切な介入をする

（小林先生の物理・65分間授業の場合）

小林先生の実践は、さまざまな試行錯誤があってこその展開であり、誰にでも真似できるものではないという懸念が頭をよぎります。そこで、その疑問をぶつけてみました。小林先生は「100％一方通行の授業でなければ、授業はすべてアクティブラーニングです。新しい取り組みを学校で行うときには、『志は高く、ハードルは低く』という発想がないと誰でも二の足を踏んでしまいます。次のような視点はいかがでしょうか」と言って、10のコツを示してくれました。

〈アクティブラーニングを始める10のコツ〉

1　モデルを見よう、体験しよう。（自分の授業でできるヒントをつかもう）
2　理論学習をしよう。（学習理論だけではなく、社会学的・歴史的意義も重視して）
3　小さなチャレンジから始めよう。（ちょっとやって、生徒の反応を見る）
4　何かやったら生徒の反応を聞こう。（できれば生徒にシェアリング）
5　行き詰まったら、中断の準備をしよう。（失敗はつきもの）
6　毎日できる程度の授業準備をしよう。（理想は労力と成果のバランスを大切に）
7　一般解はどうでもいい。（目の前の生徒たちにだけ役立てば十分）
8　校内に仲間をつくろう。（授業を見せ合うだけでも「大きなパワー」に）

9 校外に仲間をつくろう。(校外の仲間を呼ぼう、見学・交流に行こう)
10 教科・科目の壁、校種、地域等々の壁を乗り越えよう!

小林先生はこの実践で多くのことを学んだと言います。「生徒たちは安全で安心のできる場では、積極的に学習に取り組む」「教え込む量が少ないほうが集中力と学習意欲が向上する」「多様な生徒が異なる個性を発揮できるほうが学習効果は向上する」「教師との信頼関係ができると生徒たちは『授業の在り方』について本音を語る」「この授業によって『生徒と教師(=私)』が共に成長できる」などを挙げていました。

【編集協力:産業能率大学経営学部 小林昭文教授】

【家庭での応用】

小学校高学年にもなると、子どもたちは政治や歴史、宗教、科学など、専門的なことにも興味を持ち始めます。このようなとき、親は教えるという態度ではなく、資料提供や学ぶ方法を提示することに徹します。その後は、子どもの自主性に任せ、見守る態度が必要です。考えたり、疑問に思ったことを調べて解いたり、さらに調査を深めたりして子どもたちは学問の楽しさに気づいていくでしょう。兄弟姉妹や友達と一緒に行うと、より効果的です。

ICTを利用した「反転授業」で理解度アップ

「佐賀県武雄市教育委員会は小中学生全員に1台ずつ配るタブレット端末で、『反転授業』に取り組む方針を決めた」（『朝日新聞』２０１３年9月24日）という報道がありました。

反転授業とは、どういうものでしょうか。アメリカで広がっている反転授業を、わが国でも普及させようと、各地で説明会を実施している加藤大氏（株式会社ハンテンシャ）によると、「従来の学校教育において教室で行っていた『講義』をＩＣＴ（情報通信技術）の利用により『宿題』に、宿題の主流であった『演習』を『授業』で行う教授法」で、講義と演習の場を引っくり返すことで反転授業と呼ばれます。「『学習時間の増加』『出席率・落第率の改善』など、定量的効果も報告されている」そうです。

具体的な手順は次ページの①～③、イメージはイラストのようになります。

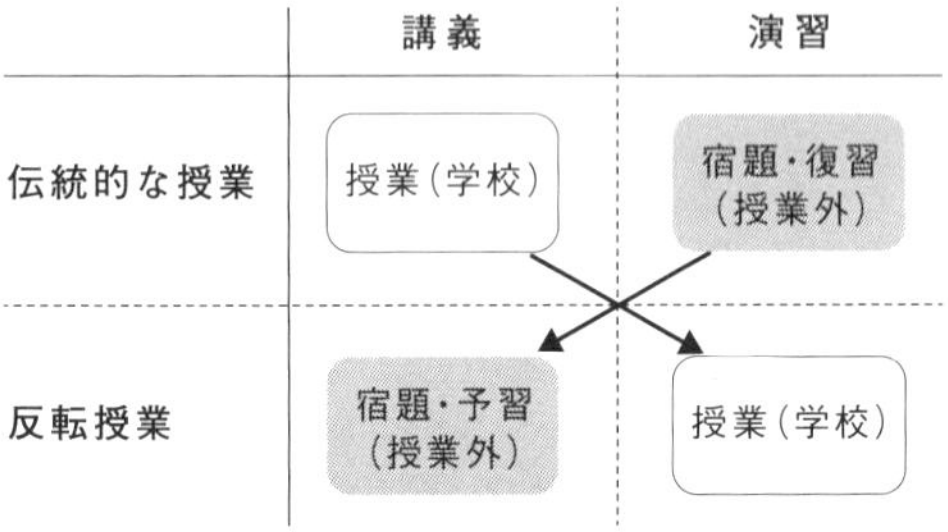

①まず教師は、宿題となる教材を作成します。教師自らが、わかりやすく教材を説明している場面を10～20分程度で動画撮影します。または、YouTubeや教育機関のホームページで公開されている動画の活用も可能です。

②この動画を端末で視聴できる環境をつくり、授業前に視聴するという宿題を生徒各自が行います。1つの動画をスマートフォン、タブレットPC、パソコンなど、さまざまな端末で閲覧できる「ワンソース・マルチデバイス対応」が主流です。

③この宿題を全員が行ってきたことを前提に、教室では、教師が講義をするのではなく、演習が中心になります。グループで討議して、理解が進んでいる生徒が他の生徒に説明したり、わからないことを仲間で話し合って解決したりします。さらに深い研究をするため、教師の指導のもとに実習を行い、理解の幅を広げようと発展する場合もあります。また、各グループからプレゼンテーション（発表）などを行い、クラス全員

①動画撮影
②授業前に視聴
③教室で演習

でシェアリング（学びの分かち合い）をして、学びが定着しているかを確認するため、仲間とともに問題を解く時間も設定してみると効果的です。生徒同士の教え合いの発展形として、アメリカのミドルスクールでは宿題教材を生徒が作成する事例が報告されています。

反転授業の効用について、先に紹介した加藤氏の説明をまとめると、次の2点になります。

1　個別指導が容易になり、知識習得が効率的に行える。
2　従来のような受身的な学習態度から、能動的（自ら働きかける）学習になり、アクティブラーニングが効率的に実施できる。

さらに副次的な効用としては、次の5点が挙げられます。

①　一度教材を作成すれば、他の教員が2次使用できる。オンライン講座など、この教材が広く他の方面にも転用できる。
②　宿題教材や学習履歴の学内共有が容易になり、組織的に教員の講義能力を評価したり、

教授法を参照したり、授業外の学習行動を定量的に把握したりすることができる。
③単位制度の運用に実際に使用でき、学修時間増の根拠にもなる。
④学校の宣伝・広報としても有効に使え、生徒募集にも効果がある。
⑤演習室の積極的活用を促し、学校の施設、機器、機能を最大限に活用できる。

日本語の反転授業の名付け親と言われる東京大学大学院の山内祐平准教授は、武雄市の反転授業導入について、次のようなコメントを寄せています。

「反転授業」は、近代の学校の基本である一斉授業のスタイルをＩＣＴを用いて変えるものだ。10年後の教室では本命になり得る。武雄市の目指す方向性を評価したい。これまでの学校教育は基礎知識の習得か、活用力重視かの間を振り子のように動いてきたが、このスタイルだと両立できる。

（前掲新聞）

武雄市で活用されているラーニングマネジメントシステム（ＬＭＳ）を提供している株式会社ネットマンの永谷研一氏は、武雄市で教育効果が高いことについて、「児童・生徒が利用するタブレットばかりが着目されていますが、教員がタブレットを利用することで授業運営の効率が上がり、個別指導の時間が増える点も見逃せません。デジタルとアナログは対立するのではなくむしろ融合するのです」と話しています。さらに、武雄市のある小学校のクラスのCRT（標準学力調査）が全国平均を大きく上回り、タブレットを全小・中学校に導入することになった背景として、「教員同士の勉強会〝武雄セミナー〟など学校を超えて教員が集まり授業の実践事例を公開し合い授業力を高め合っている文化があったから」と語っています。

時代に即したICT活用授業を取り入れ、子どもたちに歓迎され、教育効果の上がる内容になっている武雄市の実践では、現代っ子の目線に立ち、それぞれの興味を喚起していければ、いくらでも知識が増え、理解度アップにつながることが証明されました。子どもたちが内部に秘めている学びたい、知りたいという願望には大きな力があることを意味しています。子どもたちの意欲を今改めて掘り起こしておくことは、将来を生き抜く子どもたちを育てるための教育の使命です。武雄市の実践はまた、従来の一斉授業で難点とされていた〝個々の生徒のニーズに合わせた指導〟を可能にしました。それは、効率的な指導のために机間指導をしながら手元の機器で児童・生徒一人ひとりの理解度を把握し、適切なアドバイスができることと、授業運営の効率が上がり、学び合いや個別指導の時間が大幅に増えていることが影響しています。現代にあった教育方法として期待される実践であり、今後も注視していきたいと思います。

【編集協力：株式会社ハンテンシャ　加藤大氏、株式会社ネットマン　永谷研一氏】

【家庭での応用】

『白熱授業』『スーパープレゼンテーション』『世界一受けたい授業』『課外授業ようこそ先輩』など、世界中の優れた授業を今は簡単に視聴できる環境が整っています。親の育った環境とは大いに変わりました。子どもと学ぶ時間を共有し、そういった授業を視聴した上で議論したり、疑問を調べたりすることで、子どもの興味ややる気は倍増するでしょう。時代に取り残されないよう、また子どもの手本になるように、親も学習の習慣をつけませんか。

子どもが世界一幸せな国・オランダの「ピースフルスクール」

ユニセフ イノチェンティ研究所による『Child well-being in rich countries A comparative overview』(『先進国における子どもの幸福度』)という調査で、オランダが２００７年に続き、２０１３年も総合1位になりました〔ユニセフ イノチェンティ研究所・阿部彩・竹沢純子（２０１３）『イノチェンティレポートカード11 先進国における子どもの幸福度―日本との比較 特別編集版』、公益財団法人日本ユニセフ協会（東京）〕。そのオランダでは「ピースフルスクール」という学習方法が、すでに600校以上に導入され、効果を上げています。

ピースフルスクールとは、4歳から〝建設的に議論して意思決定する習慣〟を学ぶプログラムです。ここには、わが国の教育に不足していた視点があります。それは、個々の子どもたちの発達段階に合わせて丁寧な教育を行いながら、どうしても起こり得る対立を子どもたちの力で解決していく姿勢を育むとともに、地域での対立、国際社会での対立（戦争）などの理解にまで発展させていく点です。この学習方法の特長は、子どもがそれぞれの立場に立って気持ちを考える練習と、生徒同士の対立やケンカを生徒自身が解決する練習を積むことにあると思います。そして、対立やケンカの解決を発端として、クラスや学校を民主的な共同体へ変えていくことを目標としています。

私もオランダを訪問して、ピースフルスクールの実践を見学することができました。そこでは、〝人間はそれぞれ違う存在であり対立することもあるが、相手の気持ちに共感してわかり合えば幸福な市民社会を築くことができる〟という発想のもと、市民社会の一員として生きていくための教育が、綿密なプログラムによって4歳からなされていました。そして、この教育の、学校の枠を越えて、町の図書館長や警察署長、郵便局長なども参加し、地域コミュニティで子どもを支援していく姿勢も、素晴らしいと思いました。

現地訪問をし、日本への紹介を目的にセミナーやワークショップを開催している熊平美香先生から、特別に寄稿していただきましたので掲載します。日本の教育に何が足りないのか、何が必要なのかが提言されています。

21世紀を幸せに生きる力を子どもたちへ届けるピースフルスクールの魅力

日本教育大学院大学前学長・一般財団法人クマヒラセキュリティ財団代表理事
熊平　美香

今日、世界中で教育改革が進められています。21世紀という〝複雑〟〝変化〟〝相互依存性〟がキーワードとなる新しい時代において、子どもたちが幸せに生きる力を身につけるためには、20世紀の教育では不十分だという認識がその前提にあります。グローバル化が進む21世紀の教育ニーズは、国境を越え、普遍的な概念として教育者の共通認識となっています。このような中で、ＯＥＣＤ（経済協力開発機構）は21世紀に生きる私たちが以下のような社会を目指すべきだと言っています。

○民主的な社会
○持続可能な発展を続ける社会

このような社会を実現するため、特定の専門家だけでなく、すべての個人にとっても重要とされるコンピテンシー（高い効果を上げる人の行動特性）をＯＥＣＤは次のように定義しています。教育改革のガイドラインとして、重要な役割を果たしているものです。

Ⅰ　相互作用的に道具を用いる
語学や数学等の教科の知識に加え、テクノロジーに対するリテラシーが含まれる。

Ⅱ　異質な集団で交流する
他人と協働する力に加え、争いを処理し解決する力が含まれる。

Ⅲ　自律的に活動する
不確実な時代を幸福に生きるため、自らの人生を計画する力に加え、環境から自分を守る力が含ま

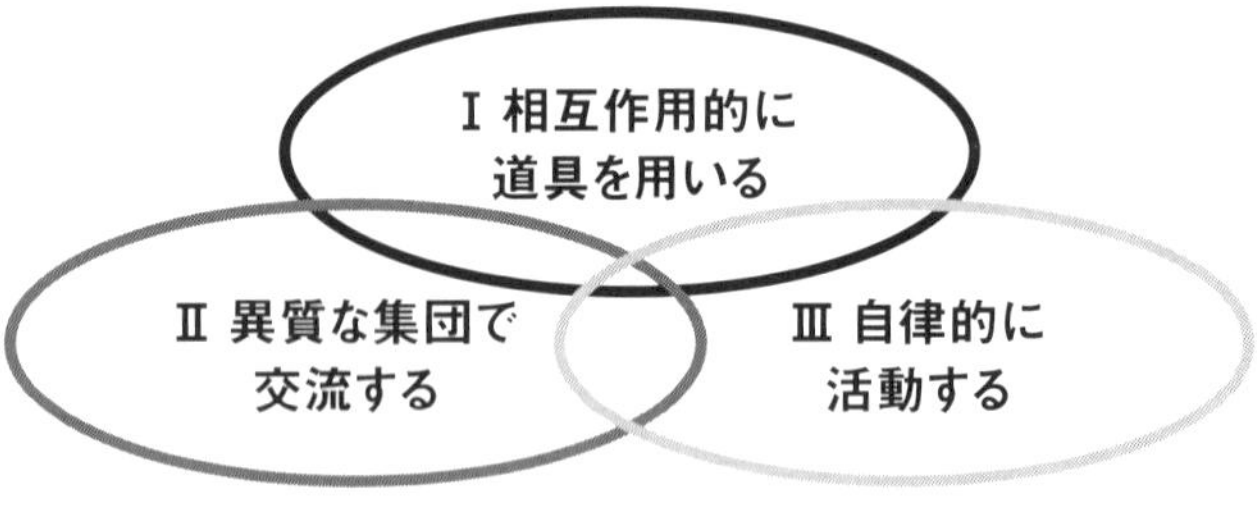

キーコンピテンシーの広域カテゴリー

れる。

また、これら3つのキーコンピテンシーの核となるのは以下の2つの力です。

A　自ら工夫・創造する力

教えられた知識をただ繰り返すのではなく、複雑な課題を解決するために、自ら考える力と自らの学習や行為に責任をとる能力のこと。

B　リフレクション（内省）する力

慣習的なやり方や過去に成功した方法を規定通りに適用するのではなく、変化に応じて経験から学び、批判的なスタンスで考え動く能力のこと。

今、世界中の子どもたちは、正解を見つけてから動き始めるのではなく、動き始めてから出来事を振り返り、正解のほうへ走り続け

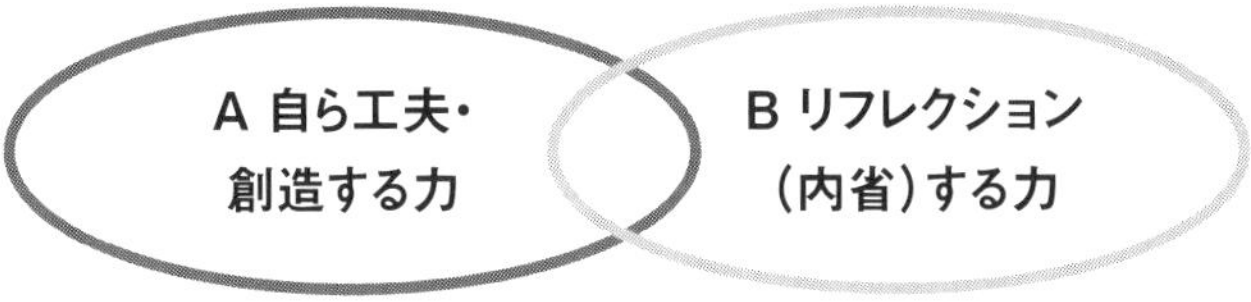

キーコンピテンシーの核となる力

ることを、時代に求められているのです。それに応え、21世紀を幸せに生きるためには、これらの力を身につけることが必要であると信じ、日本の教育が社会に出るための準備、人生を幸せに生きるための準備となることを願っています。

日本の教育を見つめたとき、3つのキーコンピテンシーのうちカバーできているのは、ほんの一部です。「I 相互作用的に道具を用いる」のうち、語学や数学等の知識は授業を通して学びますが、プログラミングなどのテクノロジーやリテラシーを学ぶ機会は十分であるとは言えません。また、それらの知識を相互的に用いる機会もあまりないのが現状です。「II 異質な集団で交流する」と「III 自律的に活動する」ことも、体系的に学ばれていません。また、核となる力であるリフレクション（内省）の意図や方法も、子どもたちは教えられていないのです。

カバーできていない部分を教育で補うには何をしたら良いか、世界の事例も併せて検討していたところ、オランダで広く展開されているピースフルスクールというシティズンシップ教育に出合いました。ピースフルスクールは、建設的に議論して意思決定する習慣を学ぶことと、コンフリクト（対立）を子ども自身で解決することを軸にした教育プログラムであり、民主的な社会の担い手であり、平和な社会を構築する力を持つ人を育てます。日本で足りない部分の教育がカバーできるのです。

1999年、学校風土や教室の雰囲気を改善することを目標に、オランダのエデュニク社が、ユトレヒト大学のミシャ・デ・ウィンター教授の協力のもと、学校教育としてピースフルスクールを開発しました。当時のオランダも今の日本と同様に、学級崩壊やいじめの問題に直面していたのです。その後、ピースフルスクールを導入する学校が増え、現在、オランダ全土で600校以上の学校が採用しています。

ピースフルスクールが教えていることは、子どもだけでなく大人にとっても必要な学習であるため、今では学校教育にとどまらず、地域社会におけるコミュニティ教育としても広がっています。家庭や地域社会は学校を批判するのではなく、理解して支えます。学校での子どもの成長は、家庭や地域社会に良い影響を与えます。国全体が子どもたちに大きな関心を向け、学びが循環している環境で、子どもたちは育てられるのです。

このように年々広がりを見せているピースフルスクールでは、何を教えているのでしょうか。ピースフルスクールには5つの学習目標があります。

1　建設的に議論して意思決定する習慣を学ぶ
2　コンフリクト（対立）を自分で解決する
3　社会の一員としての責任感を持つ

4　他者を思いやり、多様性を尊重する
5　社会の仕組みの中での自分の役割を知る

また、これら5つの目標のベースとなる2つの力があります。

1　リフレクション（内省）と学習
2　エンパシー（共感）

ピースフルスクールは、先述のOECDキーコンピテンシーのうち、「Ⅱ 異質な集団で交流する」と「Ⅲ 自律的に活動する」を育むプログラムであると言えます。このプログラムは心の成長に大きく影響しますが、学力の向上にも大きく寄与します。子どもたちはプログラムを通して自ら安心できる環境をつくることで、勉強や課外学習に力を注ぐことができるのです。

それでは、学校では具体的に何を行っているのでしょうか。ピースフルスクールでは、5つの学習目標に応じたプログラムを、各学年で繰り返し学習します。小さなステップを反復して練習することで、社会に出るまでに、ベースとなる力と学習目標を自然と身につけることができるのです。オランダでは、幼稚園からこのプログラムを開始しているので、幼い頃からさまざまな形でこれらの学びを深めていきます。実際に、4歳の子どもがその日に学んだことをリフレクションしています。もちろんプログラム導入初期は、教師や保護者のアシストが必要ですが、子どもたちはその日の出来事を振り返り、そこから何を学び、次にどう生かしたいのかを、静かにリフレクションします。このステップを幼い頃から繰り返し練習することで、PDCAサイクル（Plan／計画―Do／実行―Check／評価―Act／改善）を自然と回すことのできる人に成長するのです。

学習目標のひとつである、「建設的に議論して意思決定する習慣を学ぶ」に関するレッスンをご紹介します。このプログラムでは、いきなり建設的な議論の仕方や、民主的な意思決定の方法を教えません。それらの前提となる力を身につけることを重視します。例えば、建設的な議論をするためには、自分の意見をしっかり持つことが重要です。ある事柄について、自分はどのような意見を持つのか。また、他の人はどのような意見を持っているのかをさまざまなアクティビティを通して理解します。そして、自分の意見がクラスの中で少数派だとしても、多数派に流されるのではなく、その意見をしっかり伝える練習も行います。同様に、自分の意見が多数派だとしても、少数派の意見もきちんと傾聴します。また、つい感情的になってしまう場合であっても、冷静に話し合う練習をします。ヒートアップしたら、一旦落ち着くことの重要性を、子どもの頃から学ぶのです。自分の意見を持てるようになり、相手の意見にも落ち着いて耳を傾けることができるようになったら、学校行事などについて、何らかの意思決定をするために議論をします。意見を持って議論に参加することで、例え自分の思いが意思決定に直接反映されなかったとしても、責任を持って行動できるようになるのです。これらのステップを、学校生活の中で何度も繰り返し練習します。このように、「建設的に議論して意思決定する習慣を学ぶ」という学習目標に対して、数多くのステップを重ねていきます。

また、プログラムの軸とされる「コンフリクト（対立）を自分で解決する」習慣も、前記と同様に、小さなステップを繰り返すことで身につけていきます。コンフリクトやケンカが起きると、子どもたちはその問題を自ら解決するために活動します。コンフリクトの当事者は、自分の意見や考えを落ち着いて主張し、オープンに話し合うことで問題を解決します。いじめられている子は、すぐに先生に助けを求めるのではなく、やめてほしいと自ら伝える必要があることを知っています。先生も、コンフリクトやケンカに直接介入するのではなく、子どもたちだけで問題解決を行うように、少し遠くから様子を見守ります。

それでは、子どもたちだけで、どのようにコンフリクトを解決するのでしょうか。まず、3色の帽子をモデルにして、対立が起きたときのコミュニケーションのとり方を学びます。

1　赤い帽子は、自分の意見を強く押し通すスタイル（攻撃する）
2　青い帽子は、自分の意見を言わずに、相手に合わせるスタイル（譲歩する）
3　黄色い帽子は、お互いに意見を述べ、話し合いで合意するスタイル（話し合う）

ここから、それぞれのメリット・デメリットを理解します。赤い帽子で対応すると、自分の意見は通るかもしれませんが、ケンカになってしまいます。青い帽子で対応すると、ケンカにはなりませんが、自分の意見は通りません。黄色い帽子で対応すると、時間はかかってしまいますが、お互い納得して物事を決めることができます。そして、黄色い帽子でコンフリクトを解決するのがベストであることを小さい頃から学びます。対立して怒ってしまっても、黄色い帽子で対応する必要性を思い出し、冷静になるように気持ちを切り替えることもできるのです。

また、高学年では、これらを世界の紛争に当てはめて考えを深めます。世界中で起きている対立の主な原因は、3つあるということを学びます。

1　他の国に迷惑をかけている（排気ガスや汚染水など）

2　資源を取り合っている（国土や石油など）

3　価値観が異なっている（宗教や人種など）

これらが原因となる世界的な対立に関しても、3色の帽子の考え方を用いて、どのように対応していくのが良いかを考えます。グローバル規模での経済発展が進む今日において、今までのように資源を使用し、自国の利益だけを考えて振る舞うことは許されないのです。私たちは、子どもの頃からこのような教育を受けた人が、大人になり社会で活躍することで、世界全体が安全で幸せな環境へと変わっていくことを願っています。

また、ピースフルスクールでは、校内で起きるさまざまなコンフリクトやケンカを、メディエーター（仲裁者）と呼ばれる子どもが仲裁します。メディエーターは小学校高学年の子どもが担当します。彼らは、メディエーターになるための特別なトレーニングを受けます。もちろん、このトレーニングを受ける前に、すべての子どもは、オープンに話し合うことや、相手の話に耳を傾けること、自分の感情を冷静に分析すること、相手の感情を汲み取ることなどを学んでいます。これらがベースとなった上で、メディエーターはステップアップと呼ばれる仲裁の型を身につけます。そうすることで、はじめて真の仲裁ができるのです。

メディエーターのステッププランを一部、紹介します。

〈はじめに〉

①対立の当事者に、この問題の解決を手伝ってほしいと思っているか確認する。

②以下の3つのルールを当事者と共有し、ルールを守る意思があるか確認する。

○問題を解決するために心からベストを尽くすこと

○他の人をののしらないこと

○相手が話しているときは、話を遮らないこと

〈話をよく聞く〉

①当事者の一人に、何が起きたのか、どういう気持ちなのかを質問する。

②前記①で当事者が話したことを、メディエーター自身の言葉で言いかえる。

③もう一方の当事者に、何が起きたのか、どういう気持ちなのかを質問する。

④前記③で当事者が話したことを、メディエーター自身の言葉で言いかえる。

⑤両者から聞いたことを要約する。

〈解決法を探す〉

①当事者の一人に、お互いが納得して問題を解決するためには何ができると思うか

質問する。

② 前記①で当事者が話したことを、メディエーター自身の言葉で言いかえる。

③ もう一方の当事者に、お互いが納得して問題を解決するためには何ができると思うか質問する。

④ 前記③で当事者が話したことを、メディエーター自身の言葉で言いかえる。

⑤ なるべく多くの解決策が挙がるよう、当事者を促す。

〈解決法を学ぶ〉

① 当事者に、〈解決法を探す〉で挙がった解決策を伝え、どの解決策を採用するか確認する。

② 当事者に、前記①の解決策でお互いに納得がいくか確認する。

③ 当事者に、この仲裁が終わった後、まず何をするか確認する。

④ 調停がうまくいったら、問題を当事者たちで解決できたことを褒める。

⑤ メディエーターと当事者は、それぞれ握手をし、調停を終える。

メディエーターは、仲裁中に当事者が感情的になることがあれば、仲裁をストップします。その場で落ち着くことができない場合は、仲裁を延期したいかを当事者に確認し、当事者が延期を望んだ場合、そう判断をします。また、一方の当事者が話をしているときに、もう一方が話を遮ることがあれば、当事者にルールを再確認させて制します。ピースフルスクールの仲裁は、メディエーターが対立当事者に対して解決策を提示することはありません。また、メディエーターが当事者を叱ることもありません。メディエーターは、当事者同士で問題を解決できるように、話し合いを促す役割を担うのです。

このように、ピースフルスクールは、社会に出るための準備としての教育を子どもたちに届けています。通常、レッスンは週1回実施することが多いのですが、レッスン以外の授業や課外活動においても、この考え方に沿って子どもたちは学習します。

ピースフルスクールは、子どもたちに向けた教育プログラムではありますが、学校全体に働きかけ、文化を醸成するのです。学校文化としてピースフルスクールが定着することで、子どもたちはすべての時間を学びにつなげることができます。そして、この学びの文化は教室や学校にはとどまらず、家庭や地域社会、さらに世界へと広がっていきます。

私たちは、子どもたちが21世紀を幸せに生きるためには、ピースフルスクールのような教育がすべての人たちにとって必要であると考え、プログラムの展開を進めています。

未来の社会を動かしていく力を子どもたちに

現代の子どもたちが生きることになる未来の地球は、どのように発展しているでしょうか。急速なグローバル化、大規模な社会変動の中で、誰も予想することはできません。しかし、教育に携わる私たちがただ手をこまねいて、来るべき未来に子どもたちをゆだねるだけでは、無責任であると思っていました。そのとき、ふとまわりを見渡すと、問題意識を持つ多くの仲間が、子どもたちの将来を見据えて教育に立ち向かっている姿が目に飛び込んできました。そして、多くの示唆や刺激を受けました。その実践を取材して、第2部は成り立っています。

ここで紹介できたのはその一部ですが、それぞれに子どもたちへの深い関心と愛に裏打ちされている実践であり、次のような力を育もうという思いが根底に流れています。

1　自分の良さを認識し、自信を持って主体的に行動できる積極さ。
2　相手との違いも理解した上で、良好な人間関係を築く。
3　グループやチームで協働して学び、活動していく。

戦後の教育は、〝教え諭す〟〝失敗させない〟〝恥をかかせない〟〝守り育てる〟という姿勢が強かったと思います。また、過支配型で徹底的に鍛える教育もありました。これは、守られた（閉じられた）社会での発想でした。しかし、今回取材した人々を見ると、従来の教育の枠を飛び超えた実践をしていました。自分の力で問題を発見し、仲間とともに考え、問題を解決していく力を身につけることを支援していく教育という面が見てとれます。

欧米は古来から、本来多様な民族で構成されている社会でした。対立は起きるものだという前提にたち、対立した際にはお互いの主張を明確にして話し合い、合意形成するために考え、行動する姿勢が求められてきたと言えます。その上で教育改革が繰り返されてきました。今後グローバル化が加速し、日本も多様な人々で構成される社会になることでしょう。また、地球規模で働き、生き抜くことが求められる社会になることは明白です。今、日本の若者たちも閉鎖された社会に留まってばかりいることはできなくなりました。国際社会に跳び出し、活動していくことになります。それを支援するために私たち大人は、わが国の教育の良い点も振り返って整理し、各国の先進的な教育実践にも目を向け学んでおく必要があります。それらを実践することが、子どもたちの〝生きる力〟を育むことにつながるのです。未来の社会を動かしていく力は、学校で学んでいる今からつけさせていかなければいけないと思うのです。

●プロジェクト・ベース学習（p.223）
Web：NPO 法人日本 PBL 研究所　http://www.pbl-japan.com/
書籍：『プロジェクト・ベース学習の実践ガイド』上杉賢士（明治図書出版）

●アクティブラーニング（p.231）
情報誌：『Career Guidance』2013.07　No.47「アクティブラーニング型授業をいかに始めるか」（リクルート進学総研）
※電子ブック（閲覧可能）：リクルート進学総研→キャリアガイダンス→キャリアガイダンス　http://shingakunet.com/ebook/cg/47/index_book.html
情報誌：『Guideline』2014 年 4・5 月号「変わる高校教育」（河合塾）
※ PDF データ（閲覧可能）：Kei-Net →河合塾の進学情報誌→ Guideline（ガイドライン）　http://www.keinet.ne.jp/gl/14/04/koukou_1404.pdf
新聞：『日本教育新聞』連載記事「アクティブラーニングが授業を変える」2014 年 3 月～ 2015 年 2 月（日本教育新聞社）

●反転授業（p.240）
Web：反転授業研究会　http://www.hantenjugyou.com/
Web：facebook「武雄市からの教育改革」 https://www.facebook.com/pages/ 武雄市からの教育改革 /118456668343331
Web：YouTube「カムタジア スタジオ - 反転授業と宿題としての動画（米国、日本語字幕）」 http://youtu.be/mY0ESPONhqI

●ピースフルスクール（p.245）
Web：ピースフルスクールプログラム（一般財団法人クマヒラセキュリティ財団） http://peacefulschool.kumahira.org/
Web：未来教育会議　http://miraikk.jp/

授業実践をもっと詳しく知るには

本書で紹介した授業実践を「自分でもやってみよう」「もう少し詳しく知りたい」と思った方は、以下を参考にしてはいかがでしょうか。第２部「3 注目される教育プログラム」を中心に紹介します。2014 年 8 月現在の情報です。

●「死を通して生を考える」授業（p.144）
●ある小児科医から保護者・教師へのメッセージ（p.151）
Web：中村博志研究室　http://www.death-education.com/

●東北ユースベンチャー（p.27）
●アショカ・ユースプロジェクト（p.175）
Web：一般社団法人アショカ・ジャパン　http://japan.ashoka.org/

●プロジェクトアドベンチャー（p.206）
Web：株式会社プロジェクトアドベンチャージャパン
http://www.pajapan.com/
書籍：『クラスのちからを生かす：教室で実践するプロジェクトアドベンチャー』プロジェクトアドベンチャージャパン（みくに出版）
書籍：『プロジェクトアドベンチャーでつくるとっても楽しいクラス』岩瀬直樹・甲斐﨑博史・伊垣尚人著、プロジェクトアドベンチャージャパン監修（学事出版）

●タッピングタッチ（p.213）
Web：タッピングタッチ協会　http://www.tappingtouch.org/
書籍：『心と体の疲れをとるタッピングタッチ』中川一郎（青春新書プレイブックス）

コラム

「関一ファクトリー」演劇部の活動

生徒全員で脚本を書き、生徒全員がキャスティングに加わり、生徒全員が出演することを目指す、ユニークな高校の演劇部があります。一人の力ではなく、持ち寄られたアイディアや情報を工場のように組み立てていくことで優れた作品を作る姿勢を「関一ファクトリー」の名前に込め、精力的に活動しています。2010年に始まった取り組みですが、すでに数々の賞を受賞し、飛躍の片鱗を見せ始めています。

当演劇部には、2013年8月の時点で31人の部員が在籍し、地区大会では受験を控える3年生4人とスタッフ1人を除いた26人が出演する舞台を制作しました。脚本担当に10人の生徒が名を連ね、演出には全員が何らかの形で関わりました。部員のほとんどである26人が出演して全員が見せ場を持つ舞台を作ることは大きな挑戦です。

今大会の出品作品は、話し合いの結果「世界最後の日の過ごし方」をテーマにすると決められ、6月末からアイディアを思いつく限り出す作業に入りました。それを1週間ほど続けると、40～50の物語が集積されます。ここまできたら、メンバーが徹底的にぶつかり、話し合い、心を惹かれたものを選んでいきます。そして、スタートから1カ月ほどで上演時間1時間程度の物語ができ上がります。次に演じる役を決めるオーディションです。この場では、審査委員である3年生が大きな役割を果たします。意中の役を射止められず涙を流す1年生に選考の理由を話しながら〝選ぶ〟ことの困難さを体験し成長していきます。

顧問の川合教諭は「一人の力で何かができるとは思えない。個人が処理できるはずがないほど莫大な量の情報が飛び交う時代、一人でできることなどたかがしれている。これから生徒たちが生きていく世界においてはさまざまな情報とアイディアを持ち寄り新しいものをチームでつくりあげていく時代が訪れるはずだ」と熱く語ります。そこには、若さの躍動する教育観をみる思いがしました。未来に通用する教育は、彼たちがきっと築いてくれるのです。

【編集協力：関東第一高等学校（東京）川合智・三原直也教諭】

漆 紫穂子(うるし　しほこ)
品川女子学院6代目校長。早稲田大学国語国文学専攻科修了。2006年より現職。「28プロジェクト」を実践。品川女子学院のウェブサイトで「校長日記」をほぼ毎日更新。著書:『女の子が幸せになる子育て』(かんき出版、2008年)、『伸びる子の育て方』(ダイヤモンド社、2013年)など。

品川女子学院校長
漆 紫穂子 × 川合 正

川合 正(かわい　ただし)
東洋大学経営企画本部事務室(初等中等教育課)参与。京北中学校・高等学校、京北学園白山高等学校前校長。東洋大学大学院修士課程修了、上智大学カウンセリング研究所修了。著書:『男の子がやる気になる子育て』(かんき出版、2009年)、『未来を支える君たちへ』(晶文社、2012年)など。

教育対談

社会全体で子どもを育てるということ

2014年2月、私、川合は「未来教育会議」という、未来の社会・人・教育のあり方を考え、豊かな現実を創造していくプロジェクトのメンバーとともにオランダに渡り、さまざまな教育現場を見て回りました。

そこで感じたこと、わかったことなどを踏まえ、品川女子学院中等部・高等部の漆紫穂子校長先生と、大人が協力し合って子どもを育てることについて意見を交わしました。

オランダの教育から見える日本の課題

●オランダの教育

漆：オランダの教育視察はいかがでしたか？

川合：「教育供与の自由」がしっかり保障されているなぁ、と改めて感じました。シチズンシップ教育をやることは国として決めているけれど、カリキュラムがそれぞれの学校で自由であるというところが、一番びっくりしましたね。ここまでできるものかと思って。

漆：オランダの教育についての講演を聞いたことがあるのですが、そのときに印象的だったのは、日本では〝義務教育〟と言いますが、オランダでは教育を受けるのは義務ではなく〝権利〟だということです。

川合：その考え方が浸透していますね。

漆：そもそもの依り立つところが違いますよね。権利と捉えると、自分に合った教育が受けられることにつながりますね。

川合：それを国として憲法で保障しているところがスゴイです。それから、学校を作るのも自由です。

漆：作るのが自由というのはどういうことですか？

川合：一定数の生徒が集まることを証明できれば、市民団体が学校を設置することができるんです。一定数とは、200人程度が目安です。

漆：学校設置の資金は学校が出すのですか？ その他教育費はどうなのですか？

川合：学校の校舎や施設を提供するのは、公私の別なく地方自治体です。教育費は、憲法第23条7項に「法の定める要件を満たす私立学校による初等普通教育は、公立学校教育と同一の基準に従い、公金から支出を受ける」（『各国憲法集(7)オランダ憲法』2013年、国立国会図書館調査及び立法考査局）と定められており、保護者の負担はありません。

漆：日本では、進学した学校の公私の別や、親御さんの所得によって教育費の補助に差が出たり、制限がかかったりします。オランダは子ども一人ひとりに教育を受ける権利があると考えるから、親の状況に関わりなく子どもには平等に教育費が支払われるのですね。

川合：さらに、学校がそれぞれのいろいろな取り組みをしていて、バラエティに富んだ学校の中から学校を選べます。今回見たのは、オランダに7校ある「スティーブ・ジョブズ・スコール」。名前からしてスゴイですよね。また、「レオナルド・ダ・ヴィンチ・スコール」とかね。

漆：それはその名前に表れるような、教育内容や理想というものがあるのですか？

川合：そうです。ジョブズ・スコールでは自主性に重きをおき、一斉授業はなくタブレットを使って各自の課題に取り組んでいました。ダ・ヴィンチ・スコールでは、子どもたちが興味あるものにそれぞれ挑戦させて、才能を表現させているそうです。例えば、私の前まで来て笛を吹いてくれた子もいましたし、絵を描く子、仲間と一緒にグラフィックデザインをする子もいました。

漆：そうするとある程度は学校を選ぶ親御さんの自己責任ということになりますね。日本と比べて、親御さんの教育に対する意識の違いは感じましたか？

川合：もう全然違いますよね。親はかなり理解した上で学校を選んできています。例えば、オランダでピースフルスクールの導入が600校あるそうですが、親に対する説明を丁寧に行うほか、保護者や地域の人も、子どもたちが学んでいるプログラムを同様に学んでいます。親も地域も巻き込んで教育に当たっているそうです。

漆：教育というものは学校任せではなく、家庭も社会もお国も皆でやるというイメージでしょうか。

川合：完全にそうですね。地域のコミュニティがしっかりしていて、教育を支援できる環境を作っています。

漆：教育は国の将来を作る大事なものであるという意識が、官民両方にあると言えますか？

川合：そうですね。オランダは占領された歴史があったり、移民が多く宗教もバラバラですから、それをまとめて国を作るには、オランダ国民として育っていくための教育が非常に大切になります。それが国の力になると、誰もが発想しているのだと思います。

●日本では

漆：オランダの国費における教育費の支出割合はどれくらいでしょう？　よく、日本がＯＥＣＤ（経済協力開発機構）諸国の中でかなり下位だと話題になりますよね。

川合：２０００～２０１０年のデータ（『図表で見る教育　ＯＥＣＤインディケータ（２０１３年版）』明石

書店、2013年）によると、OECDの平均は13%くらいで、オランダも12%前後だそうです。一方、日本は10%を切っていて、2010年は、調査した32カ国中なんと31位です。

漆：私は人材というのは国を支える最も大切な資産だから、それは家庭の経済状況に関わらず、ある程度の年齢までは国として費用を負担したほうがいいのではないかという考え方なのです。私学と公立との補助の格差が、日本はあまりにも大きすぎますよね。

川合：だから、学校選びが教育の内容ではなく、安いほうに流れたりするわけです。そうすると本当の受けたい教育が受けられませんよね。

漆：私学に来れば公的に受けられる補助は公立の数分の1ですから、親御さんの負担は大きいです。

川合：それは厳しいですよ。とくにこういう時代になると。

漆：平均的には私学のほうが支出も抑えられているので、教育の質を担保にした上で、公立も経営努力ができる仕組みを作れば、その分で教育費の公私間格差を縮めていく可能性もあるのではと感じます。

川合：公私とも、日本を担う大切な子どもたちを育てているのですから、公立と同じように、私立も保護者の負担を減らして、より自分に合う教育を選択できる機会を確保したいものです。そうしないと個々の才能が伸びず、将来、国を担うどころか、逆に日本の子どもたちが将来ちゃんと生きていけるのか心配してしまいます。

漆：本当にそうですよね。OECDの発表で将来、日本のGDPが中国の約9分の1になるという未来予測がありました（「Balance of economic power will shift dramatically over the next 50 years, says OECD」2012年11月9日）。国の力というのは、人間の数と力が掛け算になって生まれますよね。日本は人口減少社会で人間が減るのだから、その分、一人ひとりのキャパシティを広げるというか、力を伸ばしていかないと、国の力を維持できません。

川合：一部の人はイキイキと生きるかもしれないけど、全体ではかなり弱いでしょうね。

漆：もうちょっとトータルに政策を考える必要がありますね。新卒の就活が厳しくなっている一方で、新卒でないと就職が難しいという現状もありますので、働きたくても働けない若者が増えれば、将来、国を支えるべき人たちがその逆の立場になってしまうわけです。
川合：それが非常に危惧されます。品川女子学院の「28プロジェクト」はかなり先を見ていますよね。将来のために今、学校で何をやるべきかということですね。
漆：そうです。
川合：オランダも同じです。将来を背負う子たちに今、何をやっておくか、というところで勝負していると思うのです。
漆：わかりますね。当校が考えているのは、つねに10年20年30年先の世界の中で日本の果たす役割は何かということです。今後、資源が減る地球上で、日本的な協調性や和の精神というものが発揮されれば、世界に貢献することができるでしょう。そのためにはある程度、国のプレゼンス（存在感）を高める必要があります。その未来から逆算したときに、「人間が減る中でがんばれるのは誰だろう？」ということです。
川合：子どもたちですよね。彼・彼女らに日本を支えていってもらわないと困るので、何とか小学校、中学校、高校のときまでに、将来社会で生き抜いていくための基礎力をつけたいものです。

●ピースフルスクールの授業

漆：先生はオランダでどんな授業展開をご覧になったのですか？
川合：例えば、ピースフルスクールの学校で低学年のクラスでは、20人の生徒と先生がみんなの顔が見えるように車座になって、〝感情を学ぶ〟という授業をしていました。その中で、ある女の子に「ちょっと転んでみて」と言ってサークルの真ん中で転んでもらい、まわりの生徒には「2人でコソコソって話してみて」と指示を出していました。そして転んだ子に「どんな気持ちだった？」と聞くと「笑われている気持ちがした」と答えました。それで今度は「では、この子が笑われた気持ちにならないためにはどうすれば良かったの、皆は？」と言うと、「先生も転べばいい」「皆で転べばいい」「笑わなきゃいい」「行って『大丈夫？』と声をかける」などと意見がどんどん出てきます。皆でその転んだ子にどのように共感していくのか、この子に嫌な思いをさせないためにどうするかを考えていく。そんな授業をしていました。
漆：まさに正解がある授業ではなく、最適解を皆で考える、プロセスを共有することによってエンパシー（共感力）を高めていくことなんですね。
川合：はい、それが６歳か、５歳ぐらいの子たちですね。
漆：そんな小さい子から、しっかりと考えさせるのですね。
川合：年齢が上がっていくとケンカした子たちを仲裁する力も身につけていきます。
漆：トレーニングを積み重ねていくということですね。
川合：トレーニングによって、人の気持ちがわかり、両方の立場になって考えられる力が身についていきます。相手の気持ちがわかるようになるための訓練は４歳からです。それが毎週あるので、共感する素質がかなり子どもたちに備わっているわけです。その中で上級生になると「私が仲裁役をやりたい」という子たちが出てきます。そしてその子たちが本当に自信を持って、２人の間に入って相手の気持ちを引き出していくのです。
漆：日本ではどうしても〝いじめられる側〟〝いじめる側〟、そして〝傍観者〟という図式になってしまいますが、実際の子どもたちの間では、悪気がないけれども相手を傷つけるようなことは頻繁にあるわけです。また、対立することもしょっちゅうです。
川合：対立するのは当たり前ですからね。
漆：そこを客観的・中立的な立場の人間が傍観するのではなく、仲裁に一歩出てあげるというのは、とても大事なことだと思いますね。ただ「相手の立場になりなさい」と言われても、なかなかなれないものです。それを、こういうカリキュラムがあって、教えるのではなく体験的に協働して学んでいく、自分なりに気づいて心と行動に落とし込んでいくというのでしょうか。そのトレーニングの方法がキチッとあるところが、いいなと思いました。
川合：自分なりに気づくというのがポイントですね。オランダは多様性に富んでいます。対立を前提として、多くの民族が共生していけるようにまとめるのですから、教育力が問われますね。
漆：日本の公立小・中学校では、いろいろな環境、学力レベルの子が集まることの難しさがあると言われますが、そういう多様性から互いに学ぶことこそが、これからのグローバル社会には必要なのではないでしょうか。
川合：多様な社会ではさまざまな問題が生じ、それを解決するための力が養われますよね。
漆：多様性の中でいかに自分に共感し、相手に共感するか。そして、それをチームの力としていくことが、学校の中だけでなく、大人になってからの働き方を考えたときにも必要になってくるわけですよね。

日本の教育に必要なこと

●どういう子に育てたいか

川合：品川女子学院では地域の力を非常に多く、教育に取り入れていますね。

漆：地域というのは、社会の象徴として捉えています。家庭は社会の最小単位ですが、中学受験を経てくる子の中には、受験勉強優先で家のお手伝いもしていない子もいます。本当は小学校の高学年というのは、地域でリーダーシップを発揮する時期なのですが、少子化で、学校の単位そのものが小さくなってきている公立小学校も少なくないので、部活などで皆をまとめたりするチャンスも減っています。

川合：社会を知らないということですね。

漆：そこで当校では、まずは学校のある地域をよく知るため、地域の人たちと交流し、「この学校がそもそもあるのは地域のおかげなんだな」「自分も社会の一員なんだな」といったことを実感させる。これは教えてもわかることではないので、体験が大事です。

川合：日本では非常に弱くなっていることですね。小学校時代も中学校でも受験に追われていて、社会経験をして学ぶ機会がないですね。品川女子学院ではその地域学習の先に何をめざしていますか？

漆：問題があったら人のせいにしないで自分でできる解決法に一歩踏み出せる、例えば、木が転がっていたらまたいで歩くのではなく、自分が次の人のためにどけてあげる、という人を育てたいのです。

川合：今は逆行していますよね。自分のことばかり考えるような子に教育しています。家庭もそうですね、自分の子だけが良ければいい。

漆：中国の古典に、親の目的は子どもを幸せな大人に育てることのはずなのに、それと逆の行動をしがちである、という話があります。子どもへの愛情から、つい、「ウチの子だけこうしてください」と要求したり、「ウチの子が正しくて相手が悪い」と決めつけて何か言ったりすると、自分のことしか考えない子に育ちますよね。そうすると、お友達も協力者もいなくなり、一人ぼっちになって幸せにはなれません。そう考えると、人のことを考えられる、人のためにがんばれる、チームで仕事ができる、そんな人に育つことが幸せにつながるわけで、その過程で、揉めごとを乗り越えたり、まさにこのピースフルスクールで実習していくような対立を仲裁したり、という体験が必要です。親御さんには将来の幸せから逆算した子育てを考えてほしいですね。

川合：まったく同感です。このことを伝えなくてはいけないですよね。今、日本社会は私事化しています。このままではバラバラの国になってしまうという危機感を覚えます。

漆：川合先生はよく母親講座を開いていらっしゃいましたね。ああいうことで親御さんが一緒に育っていくといいですね。

●大学受験は通過点

川合：オランダに行ってわかるのは、親たちが明確なビジョンを持って教育を選んでいることです。オランダの授業を日本で行ったら、「もっと受験指導をしてくださいよ」と親から言われそうですが、品川女子学院のような教育が、現実にはすごく成績を伸ばすことにもつながっていると、声を大にして伝えたいですね。

漆：目的のない勉強では、人はがんばれないですよね。ある運動部の生徒は、自分がケガをしたことから、理学療法士になって同じような人たちを助けたいと、ものすごく勉強して理学療法学科に進学しました。

川合：大学受験だけが目的なら、入ったら終わりです。将来に続かないわけで、ブツッと切れてしまいます。

漆：その、未来の目標のための一つの通過点として、大学受験というのはあるべきだと私は思うのです。

川合：品川女子学院はそれが保護者に伝わって、それを理解しているわけですよね。

漆：結果としては、目標があるとモチベーションが上がり、大学も合格するんです。

川合：多くの親が過去の進学実績やブランドで教育を選んでいるから、一見、受験とは関係ないような教育の良さがなかなか伝わりづらいと思うのです。大学受験にもつながっているのですけどね。オランダで感じたのは、教育によってオランダ国民を作っていこうと、大人が一致していること。大切なのは大学に入れることではなく、個々の資質を伸ばすことです。日本でも、その先を見据えた教育ビジョンを大人が共有したいものです。

●自己肯定感

川合：品川女子学院がここまでグングン伸びてきたのは、未来を見据えた教育を提供しているからだと思います。主体性、自主性というのかな。そういうものを大切にしながら、個性をしっかり見ていく。「あなたに合うものを自分で探しなさい」というように、学校生活の中にいっぱい散りばめている感じです。

漆：はい。何がどの子にピタッとくるかはわからないので、いろんなことをやっています。

川合：1年は地域、2年で……

漆：日本の文化の授業です。華道、茶道、浴衣の着付けを全員が学びます。

川合：なぜ日本文化を？

漆：共感力の話ともつながりますが、他者に共感するには、まず自分に共感することが必要です。日本という国に生まれ育ったアイデンティティがあり、そこに誇りを持つというベースがあるからこそ、違う文化の人にも何かきっとそういう文化的背景があるんだろうなと思って、共感していけると考えるからです。

川合：欧米の真似をすることに必死になって、日本らしさを切り捨てるのでは、根無し草になってしまうということですね。日本人としての自尊心とか自信とか、それを先に持たないと、人と一緒に何かをすることが難しいのかもしれません。

漆：まず自分を認めるから、人も認められるんだと私は思うのです。

社会と学校のつながり

川合：品川女子学院では、新しく「ソーシャル・ビジネス・プラットホーム」という取り組みをされていますが、どういう趣旨なのですか？

漆：将来、「ソーシャル・アントレプレナー」という、社会に喜ばれる起業をするような人を育てるということです。形として起業にならなくても、そういう心を持った人を育てたいのです。

川合：社会貢献ということですか？

漆：はい。ただ、寄付ベースの団体ですと、不況になると存続が厳しくなることもありますよね。だからできるならば、社会貢献の志があって、なおかつビジネスとして継続、展開していけるようなものが望ましいと思っているのです。

川合：自分たちだけでやるのではなくて、社会をいかに巻き込んで、社会のためになるものをどう作っていくかという発想が新鮮です。

漆：もともと当校は社会とつながるというのを大事にしていて、企業とのコラボレーションや起業体験プログラムなどに取り組んでいたのですが、「そもそもそれは何のために？」という理念の原点をキチッと捉えたほうがいいなと考えるようになりました。そうしないとお店屋さんごっこみたいになってしまうので。

川合：全国でも新製品を作るとか、お菓子や飴を作るとかして、ビジネスの学習をしている学校が多くありますが、それは高校生が作ったからこそ人気が出るという感じもしていました。「では、社会の中でこれは需要があるの？」「あなた個人には、これはどんな意味があるの？」と突き詰めていくと厳しくなってくるわけですね。

漆：そこで得る知識やスキルも大切ですが、何より大事なのは人の役に立ちたいという志だと思うのです。そのマインドを継続して大人になったときに、それが社会で発揮できないようなプログラムでは、「あぁ、楽しかったね。以上」になってしまいます。

川合：そうなんですね。何のためにということと、その気持ちを持ち続けることが大切ですね。そうすると、企業での実績や経験のある人たちが生徒をサポートしたり、生徒の発想の斬新さに刺激を受けたり……

漆：リアルなコラボレーションをやるわけです。大人が子どもから学ぶことも数多くあります。「そもそも何のためにやっていたか」ということを、大人は大きな組織の中で忘れてしまうこともあります。しかし子どもに「仕事の意義って何ですか？」などと聞かれると、原点に立ち戻りますよね。子どもが大人に与えるものもたくさんある。双方向に学びがあります。

川合：本当に魅力的な授業です。この取り組みで社会も活性化されますね。大人たちも刺激を受けて、さらにいい仕事をしたり、新しい発想をするようになったりするわけです。この授業は中3ですか？

漆：中3でやっています。この企業コラボ、プラス、ソーシャルビジネスの概念と、「デザイン思考」というのを学んでいます。

川合：デザイン思考？

漆：簡単に言うと、世の中の問題点を発見して、それを解決するようなアイディアを考えていくための思考法です。これを学ぶことによって、何にも考えないで一日歩くのと、そういうフレームが頭の中にあって歩くのでは、問題発見力が違ってきます。このデザイン思考を中3でやって、そのベースを持って高等部に行って起業体験に取り組みます。今はそれがだんだん実を結んできています。中3の企業コラボは教員がお膳立てしているのですが、高等部の起業体験は子どもたちが自分たちで相手を見つけるところから企画、運営しているのですよ。

教員研修のコツ

川合：これだけの先進的な教育を支えるためには、先生方への研修が欠かせないと思うのですが、いかがですか？　先生方は同じようには動いてくれませんし、反対する人もいたのではありませんか？

漆：「研修しますよ」と言うと皆、嫌がりますね。子どものためと思えばできますが、〝研修のための研修〟は学校では機能しません。

川合：そうですよね。「こんなに仕事も多く忙しいのに、なぜこんなときに研修会をやるんだ」というように、不平不満が噴出するのは目に見えるようです。

漆：例えば、当校の担任は、生徒と保護者をあわせて年間7回面談します。その面談の手前で教師のためのカウンセリングの研修を川合先生にお願いしましたよね。実際に面談でどういう聞き方をすればよいかというような実例をお話いただきました。

川合：そうですね。お話させてもらいました。面談直前というタイミングには意味があったのですね。

漆：ニーズがある状況で研修していく。そして、それを実際に発揮する場所があるということが秘訣ですね。これは子どもも同じだと思うのです。

川合：なるほど、私の学校で失敗した理由がよくわかりました。

漆：それはどういうことですか？

川合：以前、私の学校で有名大学の教授に講演を依頼したのですが、上から押し付けられているということで、欠席者も多く、継続できなかったことがありました。

漆：とてもよくわかります。私も今までたくさん失敗していますから。いろいろ失敗してわかったのは、先生方がもともと何を大事にしているかという、価値観レベルで考えるべきだったということです。私もそうですが、教員は本当に子どもが好きという理由から、教員になるものです。子どもが嫌いで教員になる人はいません。では、何が先生にとって一番幸せなのでしょう。アンケートでわかったのですが、やはり子どもの成長に立ち会う瞬間なんですね。また、教員が尊敬するのは権威のある人ではなく、生徒をうまく伸ばしている隣のクラスの先生であったりします。すべて生徒から発想しているのです。大学の教授や企業の社長が講演に来たとしても、目の前の子どもの成長につながらない話はなかなか耳に入りにくいのです。

川合：一方的に偉い人を連れて来たのでは、話は届かなかったのですね。そう言えば、私の学校でプロジェクト・ベース学習（p.223参照）は受け入れられたのですが、お願いした大学教授は見本を見せるだけで、あとは教員に下ろしていって、教員のほうで実践から発表に持っていきました。子どもたちと一緒に夜遅くまでワイワイ議論して、発表していくのですが、1年にわたってとても時間がかかるのです。にもかかわらず、文句も言わずに楽しんでやっていました。

漆：わかりますね。なぜなら、教員は子どもと一緒が一番楽しいからです。

川合：文化祭の前日など、子どもと遅くまで残ってがんばっている先生方は本当に楽しそうですものね。

漆：そうですね。それで、昨日までできなかったことができるようになる子がいる。その成長に立ち会う瞬間は、涙が出ますよね。

新しい取り組みを始めるには

漆：当校では、中1の地域学習から始まり、日本・世界・社会とテーマを広げていき、そこにソーシャルビジネス、デザイン思考を学び、高等部では起業体験に移っていきます。

川合：そのように体系づけていったのは、漆先生がある程度そういう風に考えていったわけですか？

漆：創立以来、ゴールはつねに社会に貢献すること。すべてはそのための挑戦だとは考えています。ですが、何をどうしたらうまくいくかはやる前にはわからないので、思いつきも多いですね。

川合：それがポイントですね。はじめから完璧な予定なんてつきませんから。

漆：思いついてやってみたら「コレいいじゃない」という感じで積み重ねていっています。最初は少しの人数で行い、試行錯誤し、うまくいったら次に学年全体に広げていくのです。イイものは継続するし、うまくいかないものは改善していきます。やめてしまうものもあります。そして、何年か経つと効果のあったものが継続して良くなっていく。

川合：学校文化の中では、新しいことを提案すると「そんなの無理だよ」「やったって何の意味があるの」「実証されていないでしょう」などと反対意見がどんどん出てきます。そういうとき、まずやってみてというのは現実的だと思います。

漆：そうですね。人間相手のことはやってみないとわからないことが多いですね。また、一人ひとり子どもは違うので、大人が設計した通りに子どもが感動しますということはあり得ません。ですから、さまざまなことに子どもたちを出合わせて体験させていく中で、PDCAサイクル（plan／計画—do／実行—check／評価—act／改善）を回していくのが良いと思います。

川合：そういう風にやっていかないと、学校文化は変えていくことはできないのですね。まずはやってみる。何のためかというのがはっきりしていればいい。

漆：子どもの将来のためにということと安全管理ですね。この2つさえ守れば、あとは何をしてもいいと思うんですよ。

川合：そして親も満足していれば、もう最高です。

漆：当校は親御さんが笑って許してくれているから、これができるのです。もし親御さんに反対されたらできません。

学校と家庭との関わり方

●品川女子学院の保護者

川合：保護者との連携も、学校では非常に重要なことだと思うのですが、いかがですか？

漆：当校はＰＴＡ役員の定員の何倍も応募者が集まります。約１２８０人の学校ですが、今年はＰＴＡ役員が２８１人ですから。

川合：それはすごい。親も一緒に学校での子どもたちを支えていくということですね。オランダの学校に行ったら、学校に親たちが自由に出入りして、いろんな役をやっていました。親たちも教育を担っていました。親たちがその学校に惚れている。だから、自分たちも応援したいのでしょうね。

漆：そうなのです。ですから一緒にやってもらっています。起業体験では、保護者のアドバイザリーがあり、ベンチャーキャピタリストや企業内弁護士、会計士など、さまざまな職業の方がいらして、その方々がサポートしてくれるのです。親御さんが学校を応援してくれて、自分の子どもだけじゃなくてよその子や卒業生の面倒まで見てくれます。

川合：もう一体化しているのですね、地域とも保護者とも。オランダの地域コミュニティで聞いた話と同じです。

漆：先日、卒業生で内定が決まっている大学生たちが、これから就活をする後輩に対して講演をするほかに、在校生のお父さんで人事関係の方々が模擬面接をしてくれるという就活行事がありました。終わった後にその大学生とお父さんたちの話が盛り上がって、「会社に行ったら飲み会には参加したほうがいい」などと、部下には言えないようなアドバイスをしていました。

川合：キャリアガイダンスとしても最高ですね。

●学校と家庭が連携するには

漆：子どもの頃というのは、ものの考え方のベースを作っている時期なので、臨機応変な対応がまだできません。お父さんに「いい」と言われていたことを、お母さんが「悪い」と言ってバラバラすると、概念がズレてしまいますよね。ですから、中高ぐらいの時期には、まずは軸を作るために、家庭と学校とがよく連携をしてトーンを合わせていったほうがいいですね。

川合：その通りですね。私も「トライアングルの発想を大切に」とよく話します。子どもを頂点に学校と親は下に位置して、大人同士がしっかり一致できれば子どもは伸びるよ、と。このトライアングルの底辺が安定しないと形がいびつになり、あっちに引っ張られ、こっちに引っ張られ、子どもの成長が止まってしまいます。

漆：親御さんにいつも入学のときに言っているのは、「何でも気になることはとりあえず連絡してください」ということです。例えば「『○○ちゃんにいじめられたって言ったら、クレーマーだと思われるかしら』などと思わずに、まず言ってください」と。子どもというのは話を大きく伝えがちですから、事実かもしれないし事実じゃないかもしれません。情報を大人同士が共有してお子さんをサポートしていきたいと思っています。

川合：何でも言える信頼関係が大切ですね。

漆：例えば、子どもの話だけを鵜呑みにして、いきなり相手の親に連絡しちゃう。そうすると、子どもも引っ込みがつかなくなってしまいます。

川合：子どもは、親に確認されると事実の上書きみたいになって、新しく真実になってしまうのですよね。警察では、誘導尋問され、それが何度も確認されることで事実となり、冤罪になる事件も起こっています。それから、お父さんがストーリーを作ってしまうこともあります。「〜だろう？　お前はこういう風に苦労して、こんな嫌な思いをしてて、我慢してたんだよな？」と言われ、本人もそう思い込んでしまうことが起こるので、注意が必要です。

漆：一番いけないのが、大人同士の悪口を言うことですね。子どもにとっていいことは一つもありません。悪口を言うぐらいだったら、まずお互いに聞いて、情報を共有してほしいですね。「あ、なんだ、誤解でしたね」で済みますから。

川合：ぜひ、学校と家庭は連携していきたいですね。

危うい親子関係からの脱出

川合：私は15〜6年前に保護者との勉強会を始めました。1990年代後半で、保護者と子どもの関係が危ういと思えたときだったのです。とくに男子校だったたので過保護な親が目立っていました。それで始めた実践でした。なってきていますよね。

漆：わかります。お母さんが男の子を囲う傾向は、高くなってきていますよね。

川合：将来はニートになるか引きこもりになって、お母さんにずーっと甘えて生きていくのではないかと危機感を持ちました。

漆：親が子どもに頼られること、依存されることに依存しているような気がします。核家族化の上に少子化となり、地域社会のつながりも希薄化しているので、他の大人の介入がありません。仲裁が入ることもありません。ですから親子関係がとても濃くなって、必要以上に子どもを支配しようとしたり、依存させようとしたりしてしまいがちです。ベースは皆、お子さんへの愛情から出発するものです。それは別に悪いことではないのですが、愛情の結果が子どもの不幸につながるような行動になってしまいます。

川合：愛情ね。溺愛って言うんでしょうか。愛が深すぎます。

漆：愛が深すぎるし、それは多分無意識のうちに、自分の満たされないところを子どもに依存してしまうのですね。当校ではお母さんたちの活動で「イケメンピアニストのコンサートでランチ」というのがありました。

川合：大事な行事ですね。イケメンというのがいい。

漆：お母さんが楽しむこと、自己肯定感を高めることはとっても大事です。「私はよくやっている」と自分を認め、ご褒美に〝イケメンピアニストの演奏を聴いて、ランチで皆とおしゃべりして楽しむ〟ということで自分をかわいがる。この余裕が大切です。ですから、イライラしたらちょっと子どもの世話をお休みして、自分をかわいがる時間を持つといいと思います。とくにこういう本を読むようなお母さんは真面目な人が多いのでぜひ。それが過保護から脱出する一つの道です。

川合：ピアニストではありませんが、私もよく保護者の同窓会に呼ばれます。もう10年以上も前の卒業生の親なのですが、今でも親同士の交流が続いています。子どもから離れるための学習会をしていたのですが、その結果、友達になった親同士で遊びに行ったり、旅行したり、おいしいもの食べに行ったりしている。それが続いているのですね。

漆：親が自立するとか、親が自分をかわいがるということで、いい距離ができるのだと思います。
川合：距離感は必要ですよね。
漆：子どもにどういう親の態度が一番いいかと聞くと、「見守ってくれる」というのが1位なんですよね。そのためには、輝く自分とか、美しい自分とか、プラスのイメージを自分のほうに持つと、結果的に子どもへの執着から離れることができます。
川合：そのことをしっかり親に伝えたいですね。
漆：自分をかわいがる、キレイになる、エステに行くとか、資格を取るとか。子離れしようと犬を飼った人もいました。そうしたら、犬のほうがかわいくなって、子どものことばかりを考えなくなったそうです。
川合：そして、子どもは解き放たれて良くなっていったのですね。
漆：子どもは、もうある程度の年齢になると自分でできますからね。
川合：そうですね、とくに中学生以降は。友達と相談したり、先輩やまわりに聞いたりして、正しい道を選択していくことができるものですよね。親は見守っていて、子どもが必要としたときだけ、サポートすればいい時期だと思います。

学校が大人をつなぐ

川合：地域、家庭、企業、学校、そういうすべてのものが今、コラボしていくことが重要だという話になってきました。
漆：最初の話からつながっていますが、オランダのシチズン（市民）を育てる教育、それが社会の一員を育てていくのだと思います。なおかつ、ただぶら下がるのではなくて、支えあうような人を育てていくのが、やはり教育ですよね。そう考えると、学校の中だけではなくて、家庭とも社会ともつながる必要があります。学校は子どもを通して大人がつながれる、一つのプラットホームですよね。そういうところで、もっと学校の役割を拡大して、親と親がつながったり、子どもと親、卒業生、地域、企業、というようないろんな人が、このプラットホームで重なっていけるようにしていきたいですね。
川合：そうするといろいろと可能性が広がり、幅も出てくるから、人間的に魅力が出てきますよね。

漆：親御さんも積極的に学校ともっと関わったらいいと思いますよ。
川合：そう、学校にはものすごい出会いの場があります。とくに品川女子学院は、いろいろなことをやっているから、親も楽しいでしょうね。子どもと一緒に楽しんでいるのではありませんか？
漆：そうだと思います。皆、人のためにやっているのですが、人のためにPTAのことをいろいろやってみたら、そのことで情報が得られたり、自分も友達ができたり、子どもとコミュニケーションがうまくいかないときに他の親からサポートしてもらったりなど、自分に戻ってくるのです。
川合：自分の子どもが伸びるのとは別に、自分の社会、仲間、親同士の交流などが増えていくわけですね。すごいことが起こるのですね。
漆：川合先生もご一緒して、福井県福井市の至民中学校に行ったことがありましたが、校内の案内や教育についての考え方の説明を地域の人がしてくれましたね。ボランティアとして。
川合：地域の方々が楽しんで、至民中学校について自信を持って説明していました。親だけでなく、その地域の人、警察署や消防署の署長さん、図書館の館長さんなども巻き込み、皆でコミュニティを作って、子どもが未来の市民に成長することを支援するという姿勢が感じられましたね。
漆：至民中学校を見て、市民が学校に関わることは公立のほうがむしろやりやすいと思いました。
川合：そうですね、地域密着型なので。市民を巻き込み、次代の市民を作っていくのが進んでいます。
漆：私立の生徒の多くは遠くから通ってきますが、公立の場合は地元から来ていますし、地域の目というのもありますから、公立こそいろいろとできることも多いのではないでしょうか。
川合：その、地域と連携する考え方に基づいた教育を、品川女子学院では実践し、成功していますよね。十分私立でもできることであり、非常に重要な教育の視点だと思いました。学校のプラットホーム構想はもちろん子どものためですが、子どもだけでなく、プラットホーム上のすべての人、地域の人も親も教師も企業人も皆が幸せになるということですね。

漆：何よりも子どもの幸せを願っていますよ。究極の幸せとは、人の役に立ったら嬉しいという精神性を持っているることではないでしょうか。そういう子はがんばれるし、永遠に幸せですね。人が嬉しいと幸せなのですから。だけど人を羨んだり被害者意識を持ったりする癖がつくと幸せから遠ざかってしまいます。

川合：そうですね。相手のことを考えられる人は誰からも慕われますね。そんなことを意図しているわけじゃなくても、自然に人が集まってきますね。

漆：結局、人の役に立ったら嬉しい人はいつも幸せです。先生、いつも幸せですよね。

川合：私ですか？　そういえば、毎日幸せですね。

漆：だと思います。

川合：そうですか。

漆：はい、だっていい方ですから。いつも人のために何かをなさっています。

川合：最後に褒められた気分です。これまで、教育の現状を憂えてばかりいましたが、今必要なのは、家庭、学校、地域、企業、国家が、教育は子どもを通して未来の社会を作り出す重要な営みであると、再認識して取り組むことだと強く思いました。今日は漆先生と教育について話せて幸せでした。ありがとうございました。

あとがき

東日本大震災からの3年間、福島県を中心に全国80カ所で約7000人余の教師、保護者、教師を目指す学生などと研修会を持ち、多くの人々との出会いがありました。会場は、研修センターやホテルの会議室、貸し会議場などといろいろでしたが、私が一番ワクワクしたのは、学校で行われる全教職員対象の研修会でした。そこでは、研修会前後に先生方のとびっきり素敵な笑顔に出会える機会が多かったからです。校庭で遊ぶ子どもたちを見ている眼差しは優しく、また、廊下で子どもとすれ違うとき、子どもに声をかけるとき、先生方の顔や目は光り輝いて見えます。こんな素敵な先生方が日本中にいっぱいいることを改めて知ることができました。

ところが、先生方が子どもたちと接する楽しい時間は極端に減っています。急激な社会変化、グローバル化に伴い、研修や会議が頻繁に持たれるとともに、管理体制の強化で書類作成に取られる時間も増えているようです。その上、体罰・いじめ・発達障害の子どもたちへの対応などと校務が非常に煩雑化し、子どもたちに向かい合う時間がほとんど取れないというのです。

社会からは大きな期待を寄せられ、家庭からの要望もさまざまです。しかし、教育の効果が上がらない、事故が起きたときの対処が悪い、教員の質が低下しているなど、バッシングを受けることも日常的に起こります。先生方は萎縮し、保護者たちも戸惑っています。

そのような中、私の出会った先生方は、教育に対する熱い使命感や信念がある方々ばかりでした。また保護者も、より良き教育に高い関心があります。日本中に教育を考える気運が高まっています。この力を合わせれば、子どもたちはさらに幸せになるに違いありません。その端緒になればと願い、この本ができました。

ご協力いただいたすべての人に感謝申し上げます。そして、それらを丁寧に根気強く編集していただいた晶文社の羽田成子さんの熱意に支えられ、出版にこぎつけることができました。ありがとうございました。この本が、わが国の教育や子育てを考える一助になればと願っています。

川合正

著者について

川合　正（かわい　ただし）

三重県出身。東洋大学経営企画本部事務室（初等中等教育課）参与。京北中学校・高等学校、京北学園白山高等学校の前学校長。東洋大学大学院修士課程修了、上智大学カウンセリング研究所修了後、助手を3年間経験。日本私学教育研究所「復興教育支援事業」運営委員。２０１２年度に東京都より教育功労者として表彰を受ける。読売教育賞最優秀賞などを受賞すると共に、教育関係論文も多い。著書に『いま、子供たちが変だ』（丸善ライブラリー）、『男の子がやる気になる子育て』（かんき出版）、『未来を支える君たちへ』（晶文社）など。

「動《うご》ける子《こ》」にする育《そだ》て方《かた》

二〇一四年九月五日初版

著者　川合正

発行者　株式会社晶文社

東京都千代田区神田神保町一―一一

電話（〇三）三五一八‐四九四〇（代表）・四九四二（編集）

URL http://www.shobunsha.co.jp

印刷・製本　中央精版印刷株式会社

ISBN978-4-7949-6841-8　Printed in Japan